Bernhard Sieland

HAST DU HEUTE SCHON GELEBT ?

Impulse zur Selbstentwicklung

edition erlebnispädagogik
Lüneburg
2000

1. Ich kann mehr aus meinem Leben machen!

Selbstentwicklung kann man lernen

Heute beginnt der erste Tag
vom Rest Ihres Lebens!

1.1 Hast Du heute schon gelebt?

Diese Frage hat Sprengkraft in sich. Sie erinnert uns daran, daß wir
- unser Leben fördern oder vernachlässigen,
- Fähigkeiten entwickeln oder verlernen,
- Chancen und Gefahren entdecken oder übersehen können.

Woran denken Sie bei dieser Frage? Möchten Sie Ihre Entwicklungsmöglichkeiten kennenlernen? Haben Sie im Augenblick Interesse, Zeit und Kraft dafür? Gibt es Gründe, sich damit auseinanderzusetzen? Wissen Sie, auf welchem Gebiet Ihre Entwicklungschancen liegen? Suchen Sie praktische Anregungen, oder plagt Sie der Gedanke: Führe ich mein Leben, oder werde ich gelebt?

Dieses Entweder-Oder-Denken ist gefährlich einseitig. Es macht uns verbissen und ängstlich. Wir sollten es ersetzen durch ein Sowohl-Als-auch. Unsere Gewohnheiten bieten uns Sicherheit. Erst wenn wir uns sicher fühlen, können wir in ausgewählten Bereichen von alten Gewohnheiten abrücken und hin und wieder Neues erproben.

Keiner hat unbegrenzte Reserven an Zeit, Kraft und Aufmerksamkeit. Es geht uns wie mit einer zu kurzen Bettdecke: Wenn wir an einem Ende ziehen, fehlt uns an dem anderen ein Stück. Aber wir können unsere Lage hin und wieder verändern, um uns dennoch gut zu wärmen. Wer z. B. seine Aufgaben als Vater besser ausfüllen möchte, muß an anderer Stelle Zeit und Kraft einsparen. So können wir mit unseren begrenzten Fähigkeiten entschieden, flexibel und nebenwirkungsbewußt umgehen.

1.2 Sich selbst von Zeit zu Zeit Impulse geben

‚Nichts ist dazu verurteilt, zu bleiben wie es ist!' Dieser Satz von E. Bloch gilt nicht nur für die Raupe, aus der sich ein Schmetterling entwickelt, sondern auch für unsere alltäglichen Lebensaufgaben. Jede gute Idee kann uns anregen oder entmutigen. Wer sich zuviel vornimmt, verliert die Kraft, das Mögliche zu tun. Wir sind zwar immer mitverantwortlich für unsere Lebensführung, können uns aber nur von Zeit zu Zeit auf bestimmten Gebieten Impulse geben.
Auch die Natur reagiert mit einem zeitlich begrenzten Wachstumsschub im Frühling, wenn Licht und Wärme günstig dafür sind, und kommt im Winter zur Ruhe. Das gilt ebenso für uns. Nutzen und Gefahren unserer Lebensgewohnheiten verändern sich mit der Zeit. Was einmal gut möglich war, überlastet uns jetzt. Was früher unerreichbar schien, ist jetzt vielleicht möglich. Wir sollten uns also hin und wieder neu entscheiden für oder gegen praktische Entwicklungsschritte. Solche Impulse sind nicht nur gut für unsere Gesundheit, Zufriedenheit und Leistungsfähigkeit, sondern oft auch für unsere Mitmenschen und Aufgaben. Um uns zu ermutigen, sollten wir mit erfolgversprechenden Schritten beginnen und nicht gleich hartnäckige Fehler und Schwächen überwinden wollen.

1.3 Entscheide Dich, damit Du erfahren kannst!

In diesem Buch finden Sie Fragen, Behauptungen, Spruchweisheiten, Zeichnungen und kleine Geschichten als Anregung, Ihre Ansichten zu klären und zu überprüfen. An diesen Stellen mahnt Sie unser weiser Rabe innezuhalten, um nachzudenken, etwas aufzuschreiben, zu beobachten, auszuprobieren oder mit anderen zu besprechen. Er ist sehr erfahren und irrt sich fast nie! Deshalb sollten Sie nur in begründeten Fällen gegen seinen Rat handeln!
Sie können solche Anregungen für sich umformulieren, entschieden ablehnen, abmildern, krasser ausdrücken und mit Freunden diskutieren. Manchmal ändert sich Ihre Meinung

bei längerem Nachdenken. Vielleicht kommt Ihnen ein Bekannter in den Sinn, dem diese Anregungen nutzen oder schaden würden. Oder es reizt Sie, gerade das Gegenteil zu probieren. Auf jeden Fall können Sie sich entscheiden für Altbewährtes oder für neue Versuche.

Probieren Sie es gleich einmal, indem Sie zu folgenden Aussagen Stellung nehmen.

Ich kann mein Leben durch neue Entscheidungen verändern.
Welche Beispiele aus Ihrem Leben sprechen für und gegen diese Behauptung? Möchten Sie gerne zustimmen, um Mut für Veränderungen zu bekommen, oder empfinden Sie das als Wunschdenken, was bitter enttäuscht wird und bloß Unruhe mit sich bringt?

Mein Charakter wurde früh geprägt und ist kaum noch veränderbar.
Welche Beispiele sprechen für und gegen diese Behauptung? Können Sie aus eigener Erfahrung zustimmen oder weil Sie es irgendwo gelesen haben? Sind Sie dagegen, weil dieser Gedanke Sie lähmt, das Mögliche zu tun? Möchten Sie diese Haltung eher anstreben oder überwinden?

Ich sollte und kann meine Ziele und Lebensgewohnheiten hin und wieder überprüfen.
Möchten Sie hin und wieder eine Gewohnheit hinterfragen, oder sehen Sie darin den vergeblichen Wunsch nach Vollkommenheit und ein Zeichen dafür, daß man sich selbst zu wichtig nimmt?

In vielen Lebensbereichen habe ich einen gewissen Handlungsspielraum. Den kann ich zum Nutzen und Schaden für mich und andere verwenden oder übersehen.
Macht Ihnen dieser Gedanke Mut, oder spüren Sie die Gefahr, sich selbst zu überfordern? Möchten Sie danach leben oder lieber nicht?

1.4 Es kommt aufs Tun an, nicht aufs Siegen

Entscheidungen beeinflussen unser Leben erst, wenn wir neue Erfahrungen zulassen oder aufsuchen!
Könnten Sie heute bewußter leben, wenn Sie es wollten?

Sie können das herausfinden, wenn Sie sich auf eine der folgenden Übungen einlassen. Sie erfahren dabei, ob Sie es schaffen,

- fünf Minuten pro Tag neu zu verwenden,
- aus Ihrem Tagesverlauf etwas zu lernen,
- auf Freude und Ärger Einfluß zu nehmen,
- nützliche Gedanken häufiger zu denken,
- neu mit Anerkennung und Kritik umzugehen.

ÜBUNG 1:
Tagesanalyse, aus diesem Tag lernen (7 × 10′)

Beantworten Sie in dieser Woche täglich folgende Fragen. Wählen Sie dazu eine Zeit, in der Sie noch wach und konzentriert genug sind, damit dieses Nachdenken ergiebig werden kann.

1. Das Wichtigste, was ich heute erledigt habe.
2. Das Wichtigste, was ich heute verschoben habe.
3. Was kann ich aus positiven Ereignissen lernen?
4. Was kann ich aus negativen Ereignissen lernen?
5. Für welche Ziele, Werte, Anliegen habe ich heute gelebt?
6. Welche Erkenntnisse, Entscheidungen und Ideen möchte ich festhalten?

Vielleicht möchten Sie einmal Ihre Stimmung überprüfen. Die folgende Übung zeigt Ihnen, worüber Sie sich freuen und regt Sie an, etwas für Ihr Wohlbefinden zu tun.

ÜBUNG 2:
Freude in dieser Woche (10′)

Gab es aktive Freuden (Hobbies, Sport ...):
Zu wenig, zu reichlich, Verbesserungsvorschläge?

Gab es passive Freuden (Brief oder Einladung bekommen ...)?
Zu wenig, zu reichlich, Verbesserungsvorschläge?

Gab es Freude an Leistungen (Pflichten erledigt ...):
Zu wenig, zu reichlich, Verbesserungsvorschläge?

Gab es Freude an leistungsunabhängigem Erleben (an Musik ...):
Zu wenig, zu reichlich, Verbesserungsvorschläge?

Oder möchten Sie entdecken, ob es sich lohnt, bestimmte Gedanken häufiger zu denken und andere seltener zuzulassen?

ÜBUNG 3:
Die innere Sprache verbessern (15′)

Die meisten Menschen sprechen hin und wieder in Gedanken mit sich selbst. Nach Tönnies (1982) können Sie durch Selbstgespräche:

	Ich denke so eher häufig	eher selten
Ihre Zufriedenheit fördern		
Das habe ich prima hingekriegt!	O	O
Genau so sollte es laufen!	O	O

Um meine Zufriedenheit zu fördern,
sollte ich häufiger denken: ____________________

sollte ich seltener denken: ____________________

Ihre Unzufriedenheit fördern		
Ich bin aber auch dämlich!	O	O
Das kann nur mir passieren!	O	O

Um meine Unzufriedenheit zu verändern,
sollte ich häufiger denken: ____________________

sollte ich seltener denken: ____________________

Sich ermutigen

Das wird schon klappen!	○	○
Ich werde es schon schaffen!	○	○

Um mich zu ermutigen,
sollte ich häufiger denken: ______________________

sollte ich seltener denken: ______________________

Sich entmutigen

Das schaffe ich nie!	○	○
Was werden die anderen denken!	○	○

In entsprechenden Situationen
sollte ich häufiger denken: ______________________

sollte ich seltener denken: ______________________

Positive Gefühle betonen

Ich könnte die ganze Welt umarmen!	○	○
Mensch, geht es mir gut!	○	○

Um positive Gefühle zu betonen,
sollte ich häufiger denken: ______________________

sollte ich seltener denken: ______________________

Negative Gefühle betonen

Ich bin fix und fertig!	○	○
Mir geht es heute aber dreckig!	○	○

In entsprechenden Situationen
sollte ich häufiger denken: ______________________

sollte ich seltener denken: ______________________

Jedes von diesen Selbstgesprächen kann nützlich sein, wenn Sie entsprechende Gedanken und Empfindungen verstärken oder abschwächen möchten. Verwenden Sie aber einige davon besonders häufig und andere gar nicht, dann begrenzen Sie Ihren Erfahrungsspielraum.
Welche Art des Selbstgespräches möchten Sie in der kommenden Woche häufiger verwenden? Formulieren und erproben Sie entsprechende Gedanken, die zu Ihnen passen!
Vielleicht möchten Sie sich bewußter um Ihre Mitmenschen kümmern. Als Einstieg dazu bietet sich folgende Übung an:

ÜBUNG 4:
Wochenbilanz über Anerkennung und Kritik (10′)

a) Wie habe ich Lob, Dankbarkeit und Freude ausgedrückt?
b) Wofür habe ich Lob, Dankbarkeit und Freude ausgedrückt?
c) Wen habe ich zuviel bzw. zuwenig anerkannt?
d) Was möchte ich im Umgang mit Freude und Anerkennung ändern?
e) Wie habe ich in dieser Woche kritisiert?
f) Wofür habe ich kritisiert?
g) Wen habe ich zuviel bzw. zuwenig kritisiert?
h) Welches Ziel habe ich für meinen Umgang mit Kritik?

Durch solche Übungen können Sie Ihre Lebensführung des heutigen Tages, der vergangenen Wochen, Monate und Jahre betrachten und vielleicht in den kommenden Tagen und Wochen beeinflussen.
Versuche müssen nicht immer zum Erfolg führen. Es kommt aufs Tun an, nicht aufs Siegen! Nur durch Probieren können Sie erfahren, auf welchen Gebieten Ihre Entwicklungschancen liegen. Wer handelt, macht neue Erfahrungen, und einige werden sich lohnen. Die wahre Entdeckungsreise besteht darin, sich und die Welt mit neuen Augen zu sehen!

1.5 Gelegenheiten, in Schwung zu kommen

Wir können nicht dauernd unsere Lebensführung bewerten und verbessern. Bei bestimmten Anlässen wie Geburtstagen, zur Jahreswende oder der Begegnung mit bedeutsamen Menschen, Büchern, Filmen fällt es uns leichter, aktiv zu werden. Solche positiven oder negativen Ereignisse betreffen uns selbst oder Personen aus unserer Umgebung. Wir können sie aufsuchen, oder sie stellen sich uns in den Weg.
Dafür einige Beispiele:
Krankheit, Schmerz und Leid zwingen den Herzinfarkt-Patienten, seine Lebensführung zu ändern.

Die Angst vor einem schlechten Zeugnis stärkt den Willen, die Gefahr zu vermeiden.
Neue Interessen sind wichtige Entwicklungsimpulse. Wer ein positives Ziel vor Augen hat, ist bereit, neu mit seiner Zeit oder seinen Mitmenschen umzugehen.
Gute oder schlechte Vorbilder können uns ebenfalls in Bewegung bringen.

> „Wenn Du einen Würdigen siehst, trachte ihm nachzueifern.
> Wenn Du einen Unwürdigen siehst,
> dann prüfe Dich selbst in Deinem Inneren.“ *(Konfuzius)*

Durch solche Anlässe kann unsere Selbstentwicklung in Schwung kommen. Manchmal können wir sogar den Zeitpunkt, die Richtung, den Aufwand und das Ausmaß unserer Selbstentwicklung beeinflussen.
Man kann dies in einem Bild zusammenfassen:
Unser Leben ist ein Schiff, das immer schon auf Fahrt ist mit einem Grundkurs und einer endlichen Fahrtzeit. Es ist wechselndem Wetter und Wellengang ausgesetzt und hat ein Steuer mit begrenzter Manövrierfähigkeit. Wir erreichen unsere Lebensziele, wenn wir unsere Fähigkeiten trainieren als Kapitän (der den Kurs bestimmt) und als Steuermann (der ihn einhalten soll). Wir brauchen auch eine verläßliche Mannschaft und für besondere Fälle Berater oder ortskundige Lotsen. Manchmal müssen wir unsere Ziele ändern, weil sie nicht erreichbar sind, weil die Kosten und Belastungen für ein Schiff unserer Bauart nicht zu bewältigen sind oder weil es zunächst intensiv und regelmäßiger gepflegt werden müßte, um diesen Belastungen standzuhalten.

Impulse: Wo haben Sie sich in letzter Zeit verändert: im Umgang mit Ihrer Zeit, mit der Familie, mit Ärger oder mit Erholung ...? Warum, um Leid zu beenden, Gefahren zu vermeiden oder um sich neue Lebensmöglichkeiten zu erschließen? Wie kam es zu diesen Veränderungen? Durch eigene Entscheidungen oder durch Druck von anderen? Konnten Sie neue und bewährte Gewohnheiten entwickeln?

1.6 Einen guten Einstieg finden

Wer sein Auto mit angezogener Handbremse, mit dem verkehrten Gang oder mit zuwenig Gas startet, kommt nicht in Fahrt und beschädigt es auf Dauer.
So nutzt es auch wenig, sich einen Entwicklungsimpuls zu geben, wenn die Richtung oder die Stoßkraft ungeeignet sind. Selbstentwicklung kann man mit einem Billard-Spiel vergleichen. Auch dort erhält die Kugel einen Stoß, kommt nach einiger Zeit zur Ruhe und braucht dann einen neuen Impuls. Bleiben wir bei diesem Bild, dann kommt es darauf an, unsere Entwicklung von der günstigsten Seite aus in Schwung zu bringen, indem wir vorrangig Entwicklungsziele überdenken, geeignete Entwicklungsfelder auswählen, unsere Entwicklungsmethoden verbessern oder mit Entwicklungsschritten beginnen.

Abbildung 1: Entwicklungsimpulse als Billardproblem

Welche Schlüsselfrage sollten Sie vorrangig klären?

a) **Soll ich – oder soll ich nicht?** Kennen Sie überzeugende und erreichbare Entwicklungsziele?
b) **Wo fange ich am besten an?** Wissen Sie, auf welchen Gebieten Fortschritte besonders wichtig und erreichbar sind?
c) **Wie fange ich am besten an?** Können Sie Vorsätze verwirklichen, oder bleiben Ihre Initiativen oft stecken?

d) **Was kann ich heute tun?** Kennen Sie praktische Schritte, die sich heute lohnen und erreichbar sind?

Es ist weder nötig noch sinnvoll, alle Seiten dieses Buches der Reihe nach durchzuarbeiten. Sie bleiben beim Einkaufen auch nicht an jedem Stand stehen, sondern wissen meist vorher, was Sie benötigen.

Nachdem Sie sich in diesem Kapitel orientiert und mit einer Übung Ihrer Wahl begonnen haben, wählen Sie aus dem zweiten Kapitel einige Abschnitte, um Ihre Beweggründe für Selbstentwicklung zu prüfen und zu verstärken. Dazu sind die Übungen fünf bis sieben nützlich.

Ab Kapitel drei können Sie die fünf Entwicklungsfelder überfliegen und mit dem beginnen, das Sie am meisten anspricht. Falls Sie vor allem an den Entwicklungsübungen interessiert sind, wählen sie aus der Übersicht S. 173 eine Übungsgruppe oder einzelne Übungen aus.

Haben Sie heute schon gelebt?

Vielleicht können Sie diese Frage jetzt positiver für sich selbst umformulieren: In welchen Bereichen könnte ich bewußter leben, in welchen mich mehr der Routine überlassen? Warum sollte ich, warum jetzt, was hindert mich? Woran erkenne ich, daß ich bewußt lebe?

Wenn Sie die hier angesprochenen Fragen interessieren, lesen Sie die entsprechenden Kapitel. Sie können Neues erproben oder beim Altbewährten bleiben, auf einen besseren Zeitpunkt warten oder jetzt beginnen. Nur eines geht nicht: Wir können uns nicht nicht-entscheiden! Wir können erheblich mehr als wir vermuten und erträumen, und oft erheblich weniger, als wir möchten.

Wollen sie trotzdem Ihrer Entwicklung Impulse geben?

Gesucht: ein Double für mich: Stellen Sie sich bitte vor, Sie müssen verreisen und suchen ein Double, das Ihren Lebensstil perfekt nachahmt. Schreiben Sie eine Annonce, so daß die möglichen Bewerber wissen, was sie denken, tun und lassen müssen, damit niemand Ihre Abwesenheit bemerkt.
Ihre Annonce sollte einen bezeichnenden Namen für Ihren Vertreter enthalten, typische Denk- und Verhaltensgewohnheiten beschreiben sowie andeuten, welche Entwicklungschancen und welche „Bezahlung" mit der Stelle verbunden sind. Gehen Sie dabei ruhig auf eine liebevoll ironische Distanz zu sich selbst, wie das folgende Beispiel zeigt.

Anzeige: *Rolle der „ewigen Ja-Sagerin" nur an geeignete Nachfolgerin abzugeben. Die Bewerberin sollte über folgende Qualifikationen verfügen: Der Begriff „Nein" darf nur den eigenen Bedürfnissen gegenüber verwendet werden. Die in allen Bereichen anfallenden Arbeiten müssen bereitwillig an sich gezogen und mit absolutem Perfektionsanspruch erledigt werden. Auf Anfragen wie: „Kannst Du den Weg für mich erledigen?" „Schaffst Du den Abwasch auch mal allein?" „Kannst Du mir beim Umzug helfen?", muß ein sofortiges „Ja, selbstverständlich" folgen, das von einem verständnisvollem Lächeln und Güte im Herzen begleitet sein muß. Das Gefühl, möglicherweise zu viele Arbeiten übernommen zu haben, darf nicht auftreten oder muß sofort durch ein schlechtes Gewissen beendet werden. Auf die wenigen noch verbleibenden Vergnügungen muß mit freudigem Herzen verzichtet werden, um jederzeit für jeden verfügbar zu sein.*
Gehalt: keine Langeweile, die Überzeugung ein guter, nützlicher Mensch zu sein und jede Menge schlechtes Gewissen, wenn das Wort „Nein" auch nur gedacht wird.

Na, wie viele werden sich melden? Möchten Sie selbst Ihre eigene Nachfolge antreten? Was möchten Sie ändern?

2. Soll ich – oder soll ich nicht?

Entwicklungsbereitschaft und -ziele klären

Man kann auf einem Standpunkt stehen,
aber man sollte nicht auf ihm sitzen!
E. Kästner

Persönliche Entwicklungsimpulse sind nicht für jede Person und Situation das Allheilmittel. Prüfen Sie also im Gespräch mit sich selbst oder mit anderen, welche Erfahrungen und Erwartungen für und gegen Initiativen sprechen, bevor Sie sich entscheiden.

2.1 Erfahrung macht klug, aber irren ist menschlich

Solange wir leben, machen wir zwangsläufig Erfahrungen. Wir bilden daraus Erwartungen und entscheiden uns mit ihrer Hilfe in neuen Situationen. Daraus entwickelt sich unsere Sichtweise über uns selbst, unsere Mitmenschen und die Welt und unsere Art, mit Chancen und Gefahren umzugehen, Neues zu wagen oder an Altbewährtem festzuhalten. Einerseits sind wir auf lebenslanges Lernen angewiesen, andererseits sind wir dadurch verwundbar.

Eine Geschichte erzählt dazu folgendes Beispiel:

Ein Wüstenforscher bemerkte, daß er sich verirrt hatte. Weil er schon mit vielen fast verdursteten Menschen gesprochen hatte, wußte er genau, was ihm bevorstand. „Mein Gott", dachte er, „wenn ich in einer Stunde kein Wasser finde, werde ich optische Sinnestäuschungen erleben." Und richtig, schon nach vierzig Minuten bildete er sich ein, am Horizont eine Wasserstelle zu sehen. „Wenn ich jetzt nicht bald auf den Weg zurückfinde, werde ich mir auch noch einbilden, das Wasser plätschern zu hören." Und richtig, schon nach etwa zehn Minuten kam es ihm so vor, als plätschere da Wasser. Erschreckt über seine hoffnungslose Lage brach er zusammen und verstarb. Am nächsten Morgen fanden ihn zwei Beduinen: „Warum hat er nicht getrunken, wo er doch am Wasser liegt?" fragte einer.

Beantworten Sie diese Frage, bevor Sie weiterlesen!

Der Forscher hat sich **entmutigt:**
Er vertraute blind seinem Wissen: „Ich weiß, was ich weiß." Er hatte Angst vor Schmerz und Enttäuschung: „Hat doch keinen Zweck, warum soll ich mich noch quälen?"

Welche Gedanken hätten ihn **ermutigen** können?
Könnte es nicht auch anders sein?
Versuch macht klug!
Schlimmer kann es nicht werden!
Ich will nichts unversucht lassen!

Aus seinen Erfahrungen hatte er Denkgewohnheiten entwikkelt, die ihn blind machten für die tatsächlichen Chancen und Gefahren. Weniger dramatische Beispiele finden Sie sicher bei sich selbst oder bei Ihren Bekannten.

Ein zweites Beispiel:

Zwei Frösche fielen in einen Milchtopf und sahen keine Chance mehr herauszukommen. Einer, der sich für einen Realisten hielt, erkannte seine hoffnungslose Lage und stellte sich mutig dem Tod. Er forderte seinen Gefährten auf, der Wahrheit ins Auge zu sehen und gemeinsam mit ihm zu ertrinken. Als der sich weigerte, nannte er ihn einen Träumer, hörte auf zu schwimmen und ertrank. Der andere hatte nun noch mehr Angst. Aber er paddelte weiter. Da wurde die Milch unter seinen Füßen zu einem Butterklümpchen, von dem aus er abspringen und sich retten konnte.

Impulse: Welche Denkgewohnheiten brachten dem einen den Tod und erhielten dem anderen sein Leben? Was könnten Sie daraus lernen? Welche Ermutigung möchten Sie häufiger benutzen und welche Entmutigung künftig vermeiden? Beobachten Sie in den nächsten Tagen, ob Ihnen das gelingt!

2.2 Man lernt nie aus

Natürlich ist es schwer, ausgerechnet in einer kritischen Situation Erfahrungen und Erwartungen in Frage zu stellen, die sich so oft als nützlich erwiesen haben. Aber unser Leben ist eben mehr als ein Handwerk. Es ist eine Kunst, in der wir uns üben können, ohne sie je zu beherrschen.

a) Nachteile vermeiden, ohne Chancen zu verpassen

Während manche von uns lieber etwas unterlassen aus Angst vor den Folgen, riskieren es andere, weil sie wichtige Ziele im Auge haben. Beides hat seine Vor- und Nachteile, die wir nicht mehr erfahren, wenn wir uns für eine der beiden Möglichkeiten entschieden haben.

Wie gut beherrschen Sie die Kunst, zwischen Angst und Übermut zu leben? Wenn Sie auf einem Gebiet das sichere Geländer Ihrer Gewohnheiten einmal loslassen, entdecken Sie vielleicht neue Chancen!

b) Erfahrungen überprüfen

Gute Erfahrungen blockieren manchmal den Weg zu besseren Lösungen. Nicht nur beim Essen bevorzugen viele ihre vertrauten Gewohnheiten gegenüber dem unbekannten Neuen. Wer nicht nach besseren Lösungen sucht, kann deren Vorteile weder erfahren noch vermissen. Die Nachteile unserer Gewohnheiten haben schon lange ihren Schrecken verloren, die nicht erprobten Alternativen behalten ihn vielleicht zu Unrecht. Auf welchem Gebiet könnten Sie neue Lösungen erproben?

c) Ursachen für Erfolg und Mißerfolg einschätzen

Wenn wir Erfolge oder Mißerfolge beurteilen, prüfen wir immer auch deren Ursachen. Wir können dabei unseren vergangenen Beitrag und die künftigen Einflußmöglichkeiten über- oder unterschätzen.

Wer z. B. von seiner Unfähigkeit in Physik überzeugt ist, wird eine gute Zensur in diesem Fach als Zufall auffassen. Wer sich für einen freundlichen Gesprächspartner hält, wird Erfolge im

Gespräch seiner Zuwendung zuschreiben und Mißerfolge auf fehlendes Vertrauen bei seinem Partner zurückführen.
Wie gut beherrschen Sie die Kunst, Ihre Einflußmöglichkeiten richtig einzuschätzen?

d) Leben zwischen Über- und Unterforderung
Muten Sie sich eher zuviel oder zuwenig zu? Wer seine Verantwortung überschätzt, prüft immer zuerst: „Was muß ich tun?" und übernimmt möglicherweise Aufgaben seiner Mitmenschen. Andere kommen schnell zu der Überzeugung: „Ich kann doch nichts tun." Sie entmündigen und unterfordern sich auf Kosten ihrer Mitmenschen. Wie beurteilen Sie Ihren Umgang mit Verantwortung und Ihre Kunst, sich erreichbare Ziele zu setzen?

e) Sich konzentrieren, ohne den Überblick zu verlieren
Je mehr wir uns auf ein Anliegen konzentrieren, um so mehr wächst die Gefahr, den Überblick zu verlieren.
Wer sich zu sehr um seinen Beruf kümmert, verpaßt vielleicht wichtige Entwicklungen in seiner Familie. Wer zu sehr vergangenen Zeiten nachhängt oder seine Hoffnung auf die Zukunft setzt, entwertet die Möglichkeiten seiner Gegenwart und umgekehrt.
So hat jeder von uns seine Vorlieben und blinden Flecke für bestimmte Entwicklungsfelder und Lebensabschnitte.
Wie gut beherrschen Sie die Kunst der gleitenden Aufmerksamkeit? Bemühen Sie sich hin und wieder darum, Ihren Blickwinkel zu verändern? Welche Lebensbereiche beachten Sie zu sehr oder zu wenig?

f) Mit eigenem und fremden Herzen fühlen
Wir vertreten nicht nur unseren eigenen Standpunkt, sondern ahnen oft auch, wie unsere Mitmenschen denken. Allerdings ist uns eine der beiden Sichtweisen meist vertrauter als die andere. Beide sind bei extremer Ausprägung gefährlich.
Wer zu sehr mit den Augen anderer sieht, neigt zu **vorauseilendem Gehorsam.** Er erfüllt Wünsche, die noch nicht geäußert wurden oder gar nicht vorhanden sind, um sich die Zuwen-

dung seiner Mitmenschen zu erhalten. Wer dagegen zu sehr von sich aus denkt und fühlt, wird möglicherweise einsam, weil er Wünsche und Bedürfnisse anderer nicht erkennt. Wie steht es mit Ihrer Lebenskunst auf diesem Gebiet? Um welche der beiden Perspektiven möchten Sie sich wieder mehr bemühen?

ÜBUNG 5:
Neigungen als Stärken und Schwächen erkennen (10′)

Kreuzen Sie in der Abbildung an, wozu Sie eher neigen, und überlegen Sie dafür Beispiele. Welchen Nutzen haben Sie und Ihre Mitmenschen davon? Welchen Preis bezahlen Sie und Ihre Mitmenschen dafür? Wie wäre es mit einem Schritt in die andere Richtung?

Abbildung 2: Lebenskunst zwischen Gefahr und Chance

Neigungen (Chance/Gefahr)		Lebensziele		Neigungen (Chance/Gefahr)
Möglichkeiten überschätzen	O	L	O	unterschätzen
Vorerfahrungen überprüfen	O	E	O	vertrauen/verteidigen
sich selbst überfordern	O	B	O	unterfordern
den Überblick behalten	O	E	O	sich konzentrieren
eigene Schuld betonen	O	N	O	Verantwortung anderer betonen
sich verwöhnen	O	S	O	sich nichts Gutes gönnen
Angst, Falsches zu tun	O	W	O	Angst, Gutes zu unterlassen
von sich aus fühlen	O	E	O	mit dem Herzen anderer fühlen
Fehlerangst	O	G	O	Erfolgszwang

2.3 Entwicklungsimpulse als Chance und Gefahr

Warum möchten Sie mehr aus Ihrem Leben machen? Geht es vorrangig um Ihr eigenes Wohl, um den Nutzen für Mitmenschen oder möchten Sie bestimmte Aufgaben besser lösen? Diese Fragen sollten sich besonders Personen stellen, die beruflich oder privat mit vielen Menschen umgehen müssen. Sie sind oft widersprüchlichen Erwartungen ausgesetzt und können nicht mit regelmäßigen Erfolgserlebnissen rechnen. Sie möchten von Tageserfolgen und Stimmungen unabhängiger

werden und sich nicht in der Betriebsamkeit des Alltages aufreiben. Sie brauchen eigene Erfahrungen mit Entwicklungsimpulsen, wenn sie ihre Mitmenschen dazu anregen wollen.
Je nach unserer aktuellen Situation sind verschiedene Entwicklungsimpulse vorrangig. Thomae (1968) unterscheidet vier allgemeine Ziele:

- **Daseinsbehauptung,** wenn wir Belastungen vermeiden, überwinden und uns nicht länger überfordern (lassen) wollen.
- **Daseinsgenuß,** wenn wir intensiver und sinnvoller leben möchten.
- **Daseinserweiterung,** wenn wir Lebensbereiche neu erschließen oder zurückgewinnen wollen.
- **Daseinsintensivierung,** wenn wir uns auf Wichtiges konzentrieren möchten nach dem Motto: Weniger ist mehr! Ich lasse mir von mir nicht mehr alles gefallen!

Entwicklungsimpulse sind auch ohne äußeren Anlaß sinnvoll. Manche Autofahrer warten in regelmäßigen Abständen ihr Fahrzeug, auch wenn es noch funktioniert. Es macht ihnen Spaß, sie finden es vernünftig oder fühlen sich beruhigt, weil sie auf ihr Auto angewiesen sind und teure Reparaturen vermeiden möchten.
Warum sollten wir unser Leben nicht mit ebensoviel Sorgfalt behandeln? Einfach, weil es uns Spaß macht, weil wir es vernünftig finden oder weil wir Schaden fernhalten wollen. Fragt man andere, warum sie bewußter leben wollen, so hört man z. B. folgende Antworten: Ich möchte

- mehr aus meinem Leben machen,
- bestimmte Aufgaben besser erfüllen,
- herausfinden, was in mir steckt,
- trotz aller Belastungen intensiver leben,
- empfänglich sein für leise Warnsignale,
- meinen Träumen und Ideen eine Chance geben,
- mich vor Unterforderung und Überforderung schützen.

Impulse: Welches Anliegen regt Sie zu Entwicklungsimpulsen an? Welches haben Sie in letzter Zeit besonders verfolgt oder aus dem Blick verloren?

Im Gespräch mit sich und anderen finden Sie auch gute Gründe gegen Entwicklungsimpulse. Manche können wir benennen, andere lähmen uns eher gefühlsmäßig.

ÜBUNG 6:
Pro und kontra Entwicklungsimpulse (10′)

Schauen Sie sich dazu das fiktive Streitgespräch zwischen Herrn X und Frau Y an und überlegen Sie, welcher Standpunkt Ihrem eigenen näher kommt:

Herr X: Ich grübele sowieso schon zuviel und erfolglos. Jetzt soll ich das auch noch öfter tun!
Frau Y: Ja, aber nicht länger grübeln, sondern regelmäßiger und effektiver nachdenken, z. B. mit verbindlichen Entschlüssen. Haben Sie sich schon einmal gefragt, warum Sie erfolglos grübeln?
Ihre Stellungnahme:

Herr X: Man muß sich nicht so wichtig nehmen! Durch solche Selbstbespiegelung wird man erst richtig krank.
Frau Y: Ich möchte meine guten Seiten fördern und brauche nicht wegzusehen nach dem Motto: „Bis jetzt ist ja noch alles ganz gut gegangen", sagte der Mann, der vom Hochhaus fiel, als er an der 3. Etage vorbei kam.
Ihre Stellungnahme:

Herr X: Darum kümmern sich nur Leute, die nichts Wichtigeres zu tun haben.
Frau Y: Wer sich zuwenig um sich selbst kümmert, fällt vielleicht bald anderen zur Last. Was Du nicht willst, das man dir tu, das füg dir auch nicht selber zu!
Ihre Stellungnahme:

Herr X: Ich will mein Leben nicht noch mehr verplanen! Nimm Dir nichts vor, dann schlägt Dir nichts fehl!
Frau Y: Man hat immer schon unbewußte Pläne. Diese kann man am gewohnten Umgang mit Zeit erkennen.
Ihre Stellungnahme:

Wer mehr aus seinem Leben machen will, braucht Mut,
- seine positiven und negativen Seiten anzunehmen,
- auf die Sicherheit von Gewohnheiten zu verzichten,
- die mit der Veränderung verbundene Kritik zu ertragen,
- alte Ziele aufzugeben und Wunschträume zuzulassen,
- mit seinen Möglichkeiten zu improvisieren.

Manche kümmern sich nicht um ihre Entwicklung. Sie haben ihren Entwicklungsbedarf und ihre -fähigkeiten noch nicht erlebt, ihnen fehlen geeignete Anlässe und Ziele, sie haben mit Vorsätzen schlechte Erfahrungen gemacht oder können sich gut vertrösten und beruhigen.

Schließlich braucht man – wie beim Bergsteigen – Kondition und Zeit für Entwicklungsimpulse. Man sollte sich nicht einfach auf den Weg machen. Wenn Sie hier Bedenken haben, sollten Sie einen Vertrauten als „Bergführer" mitnehmen und mit einem leichten Konditionstraining, d. h. mit erfolgswahrscheinlichen Schritten beginnen.

Jede Medizin ist Gift für den, der sie nicht braucht oder zuviel davon einnimmt! So sind auch die folgenden Anregungen für den ungeeignet, der sich und andere ohnehin überfordert, keine Fehler mehr machen möchte und für die Zeit dieser Übungen nichts zurückstellen kann.

Solche Leser sollten unbedingt mit einem vertrauten Entwicklungsberater arbeiten, um sich wechselseitig vor Über- und Unterforderung zu bewahren. Sie sollten die positiven und negativen Folgen ihrer Entwicklungsimpulse beobachten und gegebenenfalls den Mut zum Abbruch finden. Es gehört auch Mut dazu, zu bleiben, wie man ist!

Impulse: Haben Sie genügend Kondition und Zeit, um sich gezielte Impulse zu geben? In welchen Bereichen könnten Sie diesen Mut gebrauchen? Wann und mit welchem Erfolg haben Sie in letzter Zeit eine fragwürdige Gewohnheit verändert? Besuchen Sie den Friedhof Ihrer guten Vorsätze! Wie konnten Sie sie ohne größere Trauer beerdigen. Was hindert Sie, einen neuen Versuch allein oder mit einem Vertrauten zu wagen?

2.4 Mut zur Unvollkommenheit: aus Fehlern lernen

Fehler machen uns ängstlich oder ärgerlich. Deshalb versuchen manche, Fehler und Gefahren zu leugnen. Sie werden lieber blind für das Risiko, um ruhig zu bleiben. Andere übertreiben die Gefahr. Um sich zu beständiger Aufmerksamkeit zu zwingen, malen sie sich Fehler aus mit schrecklichen Konsequenzen, die nie wieder gutzumachen sind. Mit steigender Angst vor unseren Katastrophenphantasien glauben wir immer sicherer, daß sie auch eintreten.
Deshalb schildern Versicherungsvertreter Schadensfälle sehr anschaulich, ohne auf deren Wahrscheinlichkeit einzugehen. Umgekehrt macht z. B. ein attraktiver Lottogewinn den Spieler blind für die geringe Wahrscheinlichkeit, daß gerade er gewinnt.
Während einige stets darauf achten, nur keine Chancen zu verpassen, sind andere ängstlich darum bemüht, keine Fehler zu machen. Vielleicht stärkt das folgende Beispiel Ihren Mut zur Unvollkommenheit und Ihre Bereitschaft, aus Fehlern zu lernen.

Wenn ein Flugzeug von A nach B fliegt, steuert der Pilot hauptsächlich beim Start und bei der Landung. Die übrige Zeit schaltet er die automatische Steuerung ein. Dabei fliegt das Flugzeug nicht die kürzeste Route, sondern peilt wiederholt sein Ziel an (P1 bis P4), mißt die Abweichung vom kürzesten Weg und korrigiert seinen Kurs. Dann weicht es in der Gegenrichtung vom Kurs ab, korrigiert wieder usw. Wenn längere Zeit keine Kurskorrektur erfolgte, kommt es zu einer ‚spontanen' Lenkbewegung, um zu prüfen, ob der Steuerungsmechanismus noch Kursabweichungen erkennt und korrigiert. Man braucht also Fehler, um den besten Kurs zu bestimmen! Es ist in der Luft wie im Leben aussichtslos, fehlerfrei ans Ziel zu kommen. Wir können nur in vernünftigen Abständen unsere Ziele und den Kurs überprüfen und korrigieren.

Bleiben wir bei diesem Bild. Wer in sinnvollen Abständen seine Lage überprüft, bemerkt nicht nur Abweichungen von seinem Weg, sondern entdeckt manchmal auch neue Ziele.

Abbildung 3: Abweichungen als Impulse zur Kurskorrektur

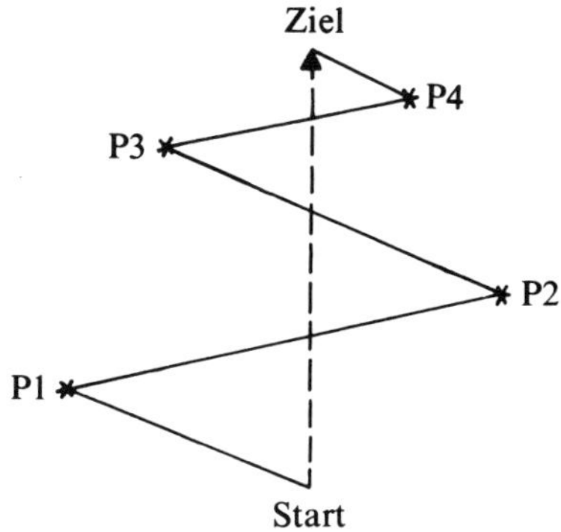

Impulse: Neigen Sie zu Unterlassungs- oder Tatfehlern, zu Katastrophenphantasien oder zu Risikoblindheit? Erlauben Sie sich einmal einen kalkulierten Fehler, und bewerten Sie seine Vor- und Nachteile.

2.5 Wie lebe ich – wie möchte ich leben?

Mit dieser Frage nehmen wir Abstand vom augenblicklichen Geschehen und können unsere Lebensführung überblicken. So hält auch ein Maler inne, tritt von der Staffelei zurück und betrachtet sein Werk, ehe er weitermalt.

Wer sich zu selten um diesen Abstand bemüht, ist wie ein Wanderer, der sorgfältig jeder Pfütze ausweicht, ohne zu prüfen, ob er sich noch auf dem richtigen Weg befindet. Wer sich oft zerschlagen fühlt, braucht nicht nur Erholung, sondern eine Antwort auf die Frage: Wie kommt es, daß ich dauernd am Ende meiner Kräfte bin?

Indem wir uns selbst befragen und unsere Antworten überprüfen, entdecken wir unseren Entwicklungsbedarf, aktuelle Wünsche, mögliche Schritte und langfristige Lebensziele. Wir erkennen vielleicht den Sinn einer anstrengenden Lebensaufgabe neu oder spüren, daß frühere Anliegen unwichtig gewor-

den sind. Was bisher selbstverständlich war, erscheint in neuem Licht.
Übrigens geben wir durch unser tägliches Tun und Lassen unsere praktische Antwort auf die Frage: Wie lebe ich – wie möchte ich leben? Deshalb können wir uns auch einmal direkt fragen: Wie gehe ich um mit Beruf, Freizeit, Partnerschaft, Gesundheit und den übrigen Bereichen, die mir wichtig sind? Dafür brauchen wir allerdings etwas Zeit, eine positive Stimmung und vielleicht das Gespräch mit einem Vertrauten. Sonst macht man sich etwas vor, greift zu kurzschlüssigen Antworten oder verstrickt sich in Grübeleien.
Wenn Sie hin und wieder die Fragen der ersten Übung beantworten, werden Sie erkennen, daß man aus jedem Tag und jeder Woche etwas lernen kann. Wir üben dabei Geduld mit uns selbst und unseren Mitmenschen und konzentrieren uns auf den nächsten möglichen Schritt.

ÜBUNG 7:
Entwicklungsziele festlegen (15′)

Entwicklungsziele haben immer zwei Seiten:
Als **Wachstumsziel** streben wir an, etwas Neues und Gutes zu erreichen.
Als **Veränderungsziel** müssen wir gleichzeitig die alte, weniger gute Gewohnheit überwinden.

a) Wie lautet Ihr Wachstumsziel für die nächsten zwei Monate?

Ich möchte z. B.:
- bewußter leben, neue Erfahrungen zulassen, aufsuchen, herstellen,
- eigene und fremde Gefühle tiefer empfinden,
- entschiedener handeln, meine Zeit besser nutzen,
- unabhängiger von anderen werden, deutlicher ja und nein sagen,
- mich beruflich oder privat mehr engagieren,
- besser mit Ärger, Angst und Streß umgehen,
- neue Kräfte sammeln,
- mich selbst mehr annehmen,
- täglich ein kleines Risiko wagen, um meine Fähigkeiten zu erkennen,

- mit gleichem Aufwand mehr oder mit weniger Aufwand gleiches leisten,

Mein Wachstumsziel für die nächste Zeit lautet: __________

b) Wie lautet Ihr Veränderungsziel für die nächsten zwei Monate?

Ich möchte z. B.:
- weniger Hetze und Streß,
- weniger Übereifer,
- weniger Über- oder Unterforderung,
- weniger Selbstentmutigung.

Mein Veränderungsziel für die nächste Zeit lautet: __________

Beide Entwicklungsziele sollten Sie anregend formulieren und nicht abwertend nach Art eines Sündenregisters. Das Wachstumsziel sollte wie auch das zugehörige Veränderungsziel erreichbar und wichtig genug für Sie sein! Wir können das in einem berühmten Gebet so zusammenfassen:

Gib mir die Gelassenheit, Dinge hinzunehmen, die ich nicht ändern kann;
gib mir den Mut, Dinge zu ändern, die ich ändern kann.
Und gib mir die Weisheit, das eine vom anderen zu unterscheiden!
Oetinger

2.6 Gemeinsam geht es besser

Geteiltes Leid ist halbes Leid, geteilte Freude ist doppelte Freude. Wechselseitige Entwicklungsberatung mit einem Vertrauten macht mehr Spaß. Jeder geht dabei seinen eigenen Zielen nach. Aber vier Augen sehen mehr als zwei, und mit vereinten Kräften hält man leichter durch, ohne sich zu überfordern. Schließen Sie deshalb den folgenden Beratungsvertrag.

ÜBUNG 8:
Vertrag zur wechselseitigen Entwicklungsberatung (10′)

a) Suchen Sie einen geeigneten Berater für Ihre Entwicklungsimpulse.
Es kann sich um einen Vertrauten handeln oder um Ihre innere Stimme.
Geben Sie Ihrem Trainer in diesem Fall einen Namen, damit Ihnen die notwendigen Selbstgespräche leichter fallen.
b) Mit welchen Eigenschaften kann Ihr Berater Ihren Lernprozeß unterstützen? z. B.:
Geduldig .... aber nicht langweilig,
fordernd .... ohne zu überfordern,
ermutigend ...... ohne ein schlechtes Gewissen zu machen.
c) Was schätzt er an Ihnen?
Was schätzen Sie an ihm?
d) Welche Eigenschaften würden Sie ärgern?
e) Wie soll er/sie bei Erfolg und Mißerfolg reagieren?
Was soll er tun und lassen, wenn Sie einen Vorsatz nicht erfüllen?
Was soll er tun und lassen, wenn Sie sich zuviel vornehmen?
Was soll er tun und lassen, wenn Sie sich zuwenig vornehmen?
f) Vor welchen Gefahren wollen Sie sich selbst warnen?
Überforderung oder Unterforderung,
zuviel denken oder zuwenig nachdenken,
zuviel oder zuwenig wagen,
zu schnell oder zu langsam verändern,
zuviel oder zuwenig erwarten.
Ich will darauf achten, ______________________________

Besprechen Sie mit Ihrem Partner, wie Sie seine Selbstentwicklung unterstützen können!
Falls Sie noch kein erreichbares Entwicklungsziel kennen, lassen Sie sich vom nächsten Kapitel anregen.

3. Wo fange ich am besten an?

Entwicklungsfelder auswählen

Dummheit ist nicht: wenig wissen,
auch nicht wenig wissen wollen.
Dummheit ist glauben, genug zu wissen.
Anita Daniel

Das einzige, was wir in dieser Welt wirklich verändern können, sind wir selbst! Für jeden von uns gibt es erfolgversprechende und aussichtslose Entwicklungsfelder. Einige Ziele kann man direkt erreichen, andere nur über viele Zwischenschritte mit der Hilfe anderer oder gar nicht.
Manchmal wollen wir auf Biegen und Brechen an einer bestimmten Stelle vorankommen und verhalten uns wie jemand, der um eine Litfaßsäule herumläuft und schreit: „Hilfe, ich bin eingemauert!“. In welchem Bereich wollen Sie mit einem Entwicklungsimpuls beginnen? Möchten Sie durch gezielte Fragen Ihren Überblick verbessern oder wichtige Fähigkeiten üben? Wollen Sie Ihre Lebensaufgaben überprüfen, Ihre Wertvorstellungen klären oder sich selbst mehr annehmen können. Wenn Sie einen günstigen Ausgangspunkt wählen, wird Ihr Impuls auch auf die anderen Bereiche übergreifen.

Abbildung 4: Ausgangspunkte für Entwicklungsimpulse

3.1 Übersicht schaffen
(Seite 32)

3.2 Fähigkeiten üben
(Seite 34)

3.4 Selbstannahme fördern
(Seite 42)

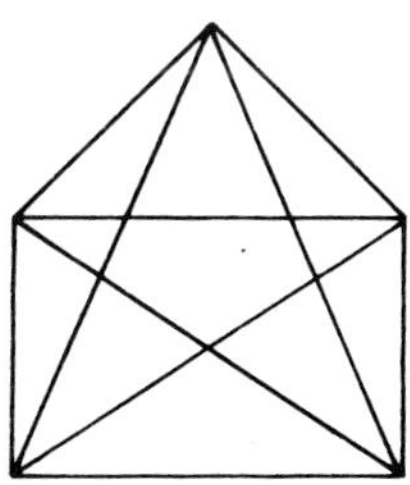

3.3 Lebensaufgaben erkennen
(Seite 39)

3.5 Bewertungen überprüfen
(Seite 53)

3.1 Übersicht schaffen

Es kommt nicht darauf an, möglichst viel zu erledigen, sondern das jeweils Wichtigste. Deshalb sollten wir uns hin und wieder einen Überblick verschaffen über
Ziele: Was möchte ich erreichen bzw. verändern?
Mittel und Wege: Was müßte dazu alles geschehen?
Handlungsschritte: Was kann *ich heute* tun oder lassen?
Erfolgreiche Problemlöser befassen sich mit allen drei Fragen: Weniger erfolgreiche vernachlässigen mindestens eine dieser Fragen und bleiben bei einer anderen hängen. Dadurch versandet ihre Besinnung in unentschlossenem Grübeln oder in hektischen Aktionen. Welche dieser Fragen sollten Sie sich häufiger stellen? Für welche brauchen Sie neue Antworten?

a) Was möchte ich? Fern- und Nahziele überblicken
Unsere Wünsche richten sich meist auf Verbesserungen
- der Arbeits- und Lebensbedingungen,
- der sozialen Beziehungen in Familie, Partnerschaft und unter Kollegen,
- unserer Eigenschaften, wie Gesundheit, Mut, Freude usw.

Sie sind in Kürze, langfristig oder gar nicht zu erreichen. Manche von uns kennen viele Nahziele und nur wenige Fernziele, bei anderen ist es umgekehrt.

Es lohnt sich, hin und wieder folgende aktuelle Wunsch- bzw. Zielbilanz zu erstellen:

ÜBUNG 9:
Meine aktuelle Zielbilanz (15′)

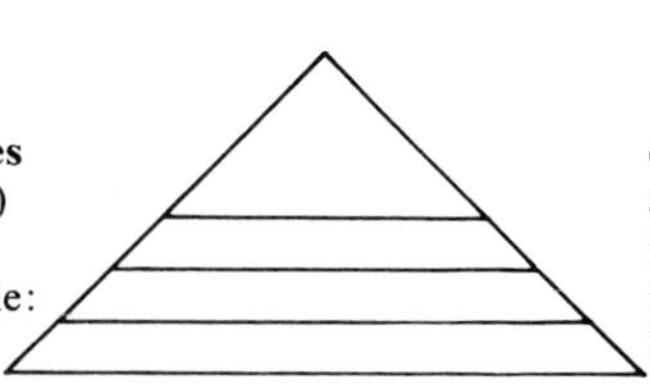

Art des Zieles	**erreichbar**
Lebensziel(e)	am Lebensende
Fernziele:	in einigen Jahren
Zwischenziele:	in einigen Monaten
Nahziele:	heute oder diese Woche

Notieren Sie Ihre Ziele so. Auf welcher Ebene fehlen Ihnen Wünsche?

Tägliche Vorhaben gewinnen ihre Bedeutung im Blick auf die mittel- und langfristigen Ziele. So können Sie mit dem großen Ziel vor Augen die kleinen Schritte konsequenter gehen und verlieren sich nicht an den Augenblick. Das Ja zu einem wichtigen Ziel kostet viele Nein!
Ziele motivieren uns erst, wenn wir aus **Maximalzielen** realistische **Optimalziele** entwickeln und diese in erreichbare Teilziele aufspalten. So träumt z. B. Frau X davon, einen alternativen Kindergarten zu eröffnen. Als erreichbares Optimalziel entscheidet sie sich für die Mitarbeit in einer Elterninitiative für die nächsten zwei Jahre.
Wenn wir für wenige Fernziele viele Zwischenschritte entwikkelt haben, können wir deren Dringlichkeit, Reihenfolge und Erreichbarkeit besser beurteilen. Manche ordnen ihre Vorhaben nicht nach Dringlichkeit, um sich nicht festzulegen und bei Mißerfolgen leichter die Aufgaben wechseln zu können.

b) Was müßte alles geschehen? Die Mittel überblicken

Um Ziele zu erreichen, muß man geeignete Mittel und Wege kennen. Oft sind auf einem Weg mehrere Ziele gleichzeitig erreichbar. So kann jemand, um mehr Kontakt zu bekommen, einem Sportverein beitreten, Kollegen einladen, abends häufiger ausgehen usw. Er tut damit gleichzeitig etwas für seine Gesundheit, fördert das Arbeitsklima oder gestaltet seine Freizeit interessanter. Manche Ziele sind nur mit Hilfe anderer Personen erreichbar. Wer geeignete Mittel für seine Ziele zusammenstellt, sollte also auch an Personen bzw. Gespräche, an das notwendige Material, an Zeit und Geld denken. Eine Mittelliste ist viel länger als die Zielliste. Beide dürfen auch Ideen beinhalten, die zur Zeit nicht realisierbar sind.

Impulse: Notieren Sie Ihre Wünsche in Maximal- und Optimalform. Formulieren Sie immer positiv und negativ, was Sie erreichen und was Sie verändern wollen! Ordnen Sie Ihre Ziele und Wünsche nach Dringlichkeit und Erreichbarkeit. Legen Sie zu wichtigen Wünschen eine Mittelliste an z. B. Helfer, Teilschritte, Geld-, Zeit-, Kraftaufwand ...

c) Was kann ich heute tun? Impulse für den ersten Schritt

Nur wer sein Leben als persönliche Aufgabe annimmt und sich nicht seinem Schicksal überläßt, stellt sich diese Frage. Obwohl wir manches nicht erreichen können, sind wir dennoch der beste Anwalt unserer Wünsche: Schwierigkeiten können wir überwinden, umgehen oder aushalten.

Die Frage nach dem nächsten Schritt kann man in zwei Formen stellen: Was **will** ich heute tun? oder: Was **tue** ich heute für meine Ziele? Die eine führt zu aktuellen Wünschen, die andere zur planvollen Umsetzung bekannter Wünsche in die Wirklichkeit.

Im Unterschied dazu nun ein Beispiel für den „spontanen", planlosen Umgang mit Wünschen. Die Klammer hinter jedem Satz kennzeichnet die Ziele, Mittel und Handlungsimpulse.

Herr X ärgert sich über die Unordnung (Z). Er räumt auf (M, H). Dabei fällt ihm ein wichtiger unerledigter Brief in die Hände (Z). Er beginnt zu schreiben (M, H). Ein Blick zur Uhr erinnert ihn, daß die Geschäfte bald schließen (Z). Er läuft schnell los, um noch einzukaufen (M, H). Nach seiner Rückkehr muß er einen Besucher in seiner Unordnung empfangen (M, H), was ihm sehr peinlich ist (Z).

Herr X hatte nichts Unwichtiges getan. Er erledigte immer die wichtigere von zwei Aufgaben und war dennoch sehr unzufrieden. Aus Mangel an Überblick hatte er seine Zeit und Kraft schlecht eingeteilt, wie ein Autofahrer, der auf einer schwierigen Strecke Hindernissen sehr gut ausweicht, aber gar nicht bemerkt, daß er auf der falschen Straße fährt. Außerdem fällt an diesem Beispiel auf, daß Herr X überwiegend Veränderungsziele verfolgt, d. h. Negatives beseitigen bzw. verhindern will und kaum Positives anstrebt. Besteht Ihr Entwicklungsbedarf darin, sich Überblick zu verschaffen?

3.2. Grundfähigkeiten trainieren

Während die Tiere durch Instinkte ihr Leben bewältigen, müssen wir Fähigkeiten lernen und gute Gewohnheiten entwickeln, z. B. im Umgang mit Ernährung und Bewegung, mit Freude, Ärger, Angst und Streß (vgl. dazu die Übungen im Kapitel fünf).

a) Drei Grundfähigkeiten zur Lebensbewältigung
Wir bewältigen unser Leben durch **Gesundheitsförderung, Besinnung und konsequentes Handeln.** Diese Fähigkeiten können wir gezielt üben und verbessern. Extreme Gewohnheiten in diesen Bereichen begrenzen unseren Entwicklungsspielraum und lassen sich so beschreiben:

Tabelle 1: Extreme Typen im Umgang mit den Grundfähigkeiten

Fähigkeit:	Vernachlässigung	Übertreibung
Gesunderhaltung:	Selbstverschleißer	Hypochonder
Besinnen:	Blinder, Ignorant	Grübler
Handeln:	Zauderer	Aktionist

Gesundheitsförderung, Besinnung und konsequentes Handeln bilden einen Wirkungszusammenhang: Fortschritte wie Mängel in einem Gebiet wirken sich auch auf die übrigen aus! Es kommt auch hier darauf an, die Fähigkeit zu verbessern, die bisher zuwenig beachtet wurde.

Abbildung 5: Zusammhänge zwischen Gesunderhaltung, Besinnung und Handeln

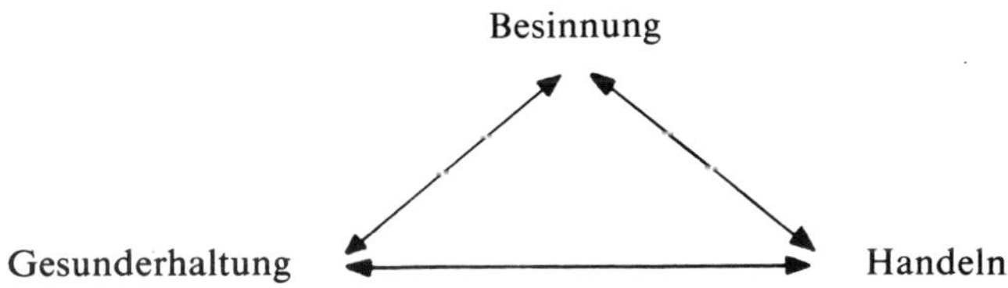

Wenn wir uns über längere Zeit einer Fähigkeit zu sehr und einer anderen zuwenig zuwenden, spüren wir eine Spannung. Diese können wir vorübergehend durch unsere Stärken ausgleichen. Der Aktivist stabilisiert sich durch noch mehr Aktivität, weil er das Abschalten verlernt hat. Man deutet seine Schwäche als Tugend:
- ungesunde Lebensführung als Zeichen für stabile Gesundheit,
- wenig Besinnung als Beweis, daß man nicht grüblerisch ist,

- die fehlende eigene Meinung als Zeichen für Toleranz,
- hektisches Handeln als Zeichen von Tatkraft.

Oft verschleiern liebe Mitmenschen durch Umverteilung von Aufgaben oder Trösten unseren Mangel. Solche Formen des privaten und sozialen Mängelausgleichs brechen in Überlastungssituationen zusammen. Wir können auf diesen Gebieten gut vorbeugen, indem wir unsere weniger entwickelten Fähigkeiten gezielt fördern.

b) Gesundheit und Lebenskraft fördern

Um unsere Gesundheit und Lebenskraft zu fördern, können wir

- bisherige Gewohnheiten überprüfen,
- positive Anregungen sammeln und erproben
- sowie negative Gewohnheiten einschränken.

Manche haben sich an einen schleichenden Abbau ihrer Gesundheit und Lebenskraft gewöhnt. Einige sehen darin sogar ein Zeichen persönlicher Wichtigkeit. Sie gönnen sich Schlaf, Unterhaltung, Entspannung und Nahrung erst nach erfolgreicher Leistung oder nur, um besser arbeiten zu können. Aktive Gesundheitsförderung ist nicht selbstverständlich. Sie wird in der Schule zuwenig vermittelt und geht durch Übungsmangel leicht verloren. Auf Alltagsbelastungen können wir mit Rauchen, Trinken, Essen oder Fernsehn bequem reagieren. Das sind kurzfristige Feuerwehrmaßnahmen mit Vor- und Nachteilen.

Wer für seine Gesundheit keine Gütekriterien hat, wird nicht vorbeugend aktiv, z. B. bei Umgang mit Ärger, Angst, Streß und mit Gefühlen der Freude und Dankbarkeit.

So könnte man die **eigene Verwundbarkeit verringern und Kräfte gewinnen** für die Bewältigung des Alltags, für gezieltes Wachstum und die Überwindung von Schwierigkeiten.

Das ist für Personen wichtig, die besonderen Belastungen ausgesetzt sind und nicht mit regelmäßigen Erfolgen rechnen können. Sie sind in Gefahr, sich selbst zu überfordern bzw. ihre Belastung unkontrolliert weiterzugeben.

Wer seine Gesundheit durch gezielte Impulse fördern will, merkt bald, wie hartnäckig jahrelange Gewohnheiten sind.

Durchgreifende Entwicklungen sind auf diesem Gebiet wie auf anderen nur möglich, wenn man gleichzeitig seine Einstellungen, Werte und Ziele, die Vorstellungen über sich selbst und seine Lebensaufgaben überprüft.

Impulse: Beurteilen Sie Ihre Gesundheit und Lebenskraft in den letzten zwei Jahren: als gut, stabil, wechselhaft, sinkend oder ansteigend? Was haben Sie dazu beigetragen? Kümmern Sie sich eher zuviel oder zuwenig darum? Tun Sie es regelmäßig oder erst, wenn es nicht mehr anders geht? In welchen Lebensbereichen gewinnen Sie Lebenskraft, in welchen reiben Sie sich auf? Welche positiven und negativen Vorbilder haben Sie hierzu in Ihrem Bekanntenkreis?

c) Die Besinnungsfähigkeit entwickeln

Der Mensch kann als einziges Lebewesen über sich selbst nachdenken. Er kann Erfahrungen wiederholt auswerten, ihnen Wichtigkeit verleihen oder entziehen, seine Handlungsmöglichkeiten gedanklich prüfen und besser nutzen.

Manche von uns denken bewußter, regelmäßiger, lernwilliger, handlungsbezogener und zukunftsorientierter über sich nach. Andere kommen von einem Thema nicht los, lenken sich ab, versinken in Grübeln und verlieren den Überblick. Müdigkeit, Ungeduld, Angst und Ablenkung behindern die Bereitschaft, über wichtige Lebensbereiche regelmäßig nachzudenken. So lernt man weder den Nutzen noch die Gefahren der Selbstbesinnung kennen.

Wer überwiegend negative Ereignisse bedenkt und von bestimmten Fragen nicht loskommt oder wichtige andere gar nicht stellt z. B. Wie kam es dazu? Was kann ich heute tun? ..., der sollte etwas für seine Besinnungsgewohnheiten tun!

Impulse: Worüber möchten Sie häufiger oder seltener nachdenken? Über Vergangenheit, Gegenwart oder Zukunft, was andere von Ihnen erwarten oder was Sie selbst wollen? Wie möchten Sie nachdenken? Häufiger, zu anderen Zeiten, mehr im Gespräch, mehr handlungsplanend, mehr nachempfindend? Welche Fragen möchten Sie sich häufiger stellen? Wählen Sie in dieser Woche täglich eine Erfahrung aus und bedenken Sie sie so, daß Sie daraus für sich eine Erkenntnis und eine Handlungskonsequenz ziehen können. Können Sie sich über schöne Ereignisse ebenso gut nachfreuen, wie Sie sich über andere nachärgern?

d) Konsequenter handeln

Nicht immer fehlt es an Kraft oder ergiebiger Selbstbesinnung. Oft gelingt es uns nur nicht, unsere guten Absichten konsequent in die Tat umzusetzen, einiges routinemäßiger zu erledigen, hin und wieder zu improvisieren mit dem Mut zur Unvollkommenheit, Handlungsfolgen zu überprüfen und künftig zu berücksichtigen.

Je nach Bedarf sollten Sie gezielt Ihre Vorsätze, Ihre Handlungsbereitschaft oder deren Durchführung verbessern.

Einige fassen z.B. Vorsätze erst, wenn sie unter den Nägeln brennen. Andere setzen sich Ziele, die entweder sehr attraktiv, aber unerreichbar oder leicht erreichbar, aber völlig unbedeutend sind. Manche beherrschen es meisterhaft, sich an ihren Vorsätzen zu erfreuen, ohne sie in die Tat umzusetzen. Sie können sie nur unter Zeitdruck verwirklichen und finden schnell überzeugende Entschuldigungen, warum sie einen Vorsatz leider nicht verwirklichen konnten.

Mit jedem gelungenen Vorsatz steigt die Bereitschaft, Neues zu wagen! Man muß also für Anfangserfolge sorgen und gedankliche Selbstentmutigung („Laß das lieber, was werden die anderen sagen?“, „Mach keinen Fehler, blamier dich nicht!“) überwinden z.B. mit Max Eyth: „Wer nicht manchmal das Unmögliche wagt, wird das Mögliche nie erreichen!“

Unsere Bereitschaft, konsequent zu handeln, unterscheidet sich von Bereich zu Bereich. Gehören Sie z.B. zu den Personen, die beruflich hohe Ziele verwirklichen, es aber aufgegeben haben, im Umgang mit der Familie oder für sich selbst neue Verhaltensmöglichkeiten zu erproben?

Impulse: Halten Sie gewöhnlich Ihre Vorsätze ein? Haben Sie in letzter Zeit den Rahmen Ihrer Verhaltungsgewohnheiten einmal verlassen? Durch welches kalkulierbare Risiko können Sie morgen Ihren Mut zur Unvollkommenheit stärken? Wie schaffen Sie es, eigene Vorsätze schmerzlos zu vergessen?

ÜBUNG 10:
Entwicklungschancen in den Grundfähigkeiten nutzen (10′)

Vergleichen Sie Ihren Zeitaufwand, die Vielfalt sowie Ihre Erfolge bei der Ausübung dieser Grundfähigkeiten.

Fähigkeiten	Zeitaufwand + 0 –	Vielfalt + 0 –	Erfolg + 0 –	Veränderung möglich/wichtig
Gesundheit fördern:				
Besinnen:				
konsequent Handeln:				

Welche dieser Fähigkeiten sollten Sie fördern?

3.3 Lebensaufgaben neu bewerten

Auf verschiedenen Gebieten gelingt es uns mehr oder weniger gut, unsere Gesundheit zu fördern, uns ergiebig zu besinnen und konsequent zu handeln. Oft kommt es darauf an, diese Fähigkeiten auf eine bestimmte Lebensaufgabe zu konzentrieren. Zum besseren Überblick werden nun drei Gruppen von Lebensaufgaben unterschieden. Möglicherweise teilen Sie Ihren Alltag anders ein. Überdenken Sie dennoch zunächst diese Einteilung, bevor Sie eine andere entwickeln, die besser zu Ihnen paßt.

a) Aufgaben überblicken
Unser Leben müssen wir bewältigen im Umgang mit Sachaufgaben, mit unseren Mitmenschen und mit uns selbst. Manche

dieser Aufgaben können wir durch gezielte Impulse besser bewältigen, einige werden im Laufe der Zeit wichtiger, andere entfallen oder kommen neu dazu. Wir sollten daher hin und wieder unsere Aufgaben in diesen drei Bereichen zusammenstellen und ihre Bedeutung überprüfen.

Zum **Umgang mit Sachaufgaben** gehören die Tätigkeiten, die sich aus den verschiedenen Rollen ergeben, z. B. als Arbeitnehmer, Autofahrer, Mutter, in der Freizeit, im Umgang mit der Natur.

Zum **Umgang mit Mitmenschen** gehören z. B. Kontakte zu Kollegen und Freunden, Beziehungen in der Familie, zum Partner, zu Kindern, Eltern oder Nachbarn.

Zum **Umgang mit sich selbst** gehören z. B. Ernährung, Gesundheit, Denk- und Handlungsgewohnheiten, Stimmungen, Selbstannahme, religiöse Überzeugungen und Lebensziele.
Diese Aufgabengruppen sind Schwerpunkte täglicher Lebensführung. Wer z.B. Essen kocht (= Sachaufgabe), wird für diese Zeit seine Kontakte mit anderen Menschen einschränken. Dabei kann er sich ärgern oder freuen als Formen des Umgangs mit sich selbst. So hat jeder Umgang mit einer Sachaufgabe auch Konsequenzen für den Umgang mit Mitmenschen und mit sich selbst. Dennoch steht für uns meist einer dieser Bereiche im Vordergrund: Unsere Haupttätigkeit ist z. B. Kochen, und dabei haben wir keine Zeit für Telefonanrufe und ärgern uns über minderwertige Kartoffeln.

b) Zusammenhänge beachten

Zwischen unserem Umgang mit Sachaufgaben, Mitmenschen und uns selbst besteht ein enger Zusammenhang. Wir können unsere Zeit und Lebenskraft täglich nur einmal ausgeben. Freude und Ärger entstehen zwar auf einem Gebiet, sie wirken sich aber auf vorausgehende und nachfolgende Tätigkeiten in den anderen Bereichen aus. Beruflicher Ärger belastet den Umgang mit der Familie und mit uns selbst. Umgekehrt kann sich ein schöner Spaziergang positiv auswirken auf berufsbezogene Probleme oder den Umgang mit dem Partner.
Veränderungen in einem dieser drei Bereiche wirken sich also

positiv oder negativ auf die übrigen aus, größere Ausfälle verhindern Fortschritte auf anderen Gebieten.
Man kann diese hilfreichen und schädlichen Wechselwirkungen in folgender Abbildung darstellen:

Abbildung 6: Zusammenhänge zwischen verschiedenen Lebensaufgaben

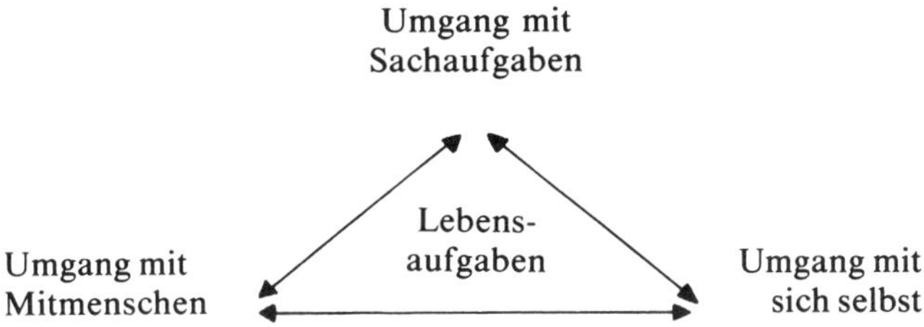

Impulse: Von welcher Aufgabengruppe gehen bei Ihnen positive und negative Wechselwirkungen aus? Auf welchem Gebiet könnten Sie einen solchen Teufelskreis stoppen bzw. besonders breitenwirksam aktiv werden? Welcher Vorsatz könnte daran gescheitert sein, daß Sie in einem anderen Bereich erst die notwendigen Voraussetzungen schaffen müssen? Finden Sie für alle drei Gruppen ein attraktives und erreichbares Ziel! Auf welchem Gebiet müssen Sie am längsten danach suchen?

c) Einseitigkeit überwinden

Unsere Interessen, Erfolge und Mißerfolge führen dazu, daß wir uns mit bestimmten Lebensaufgaben stärker befassen und andere vernachlässigen. So konzentrieren sich manche Väter bzw. Ehepartner auf ihren Beruf, weil ihnen öffentliche Anerkennung oder Kritik besonders wichtig ist. Andere widmen sich zunehmend den Mitmenschen oder sich selbst. Das hat seine Vor- und Nachteile. Unsere Erfolgsbilanz wird vorhersagbarer. Mit steigender Routine auf diesem Gebiet kann sich ein kritischer Aufmerksamkeits- und Übungsmangel auf anderen entwickeln, denn: Spezialisten wissen zuviel über weniges und zuwenig über vieles!

Auch größere Ausfälle in einer Aufgabengruppe können lange unerkannt bleiben. Wir senken unsere Ansprüche auf diesem Gebiet und versuchen, unsere Schwachstellen auszugleichen, indem wir uns auf unsere Stärken konzentrieren. Manche Mitmenschen unterstützen unseren Verschleierungsprozeß. Einige ertragen still verletzende Umgangsformen. Andere gleichen Selbstüberforderung durch besondere Zuwendung aus. Manche übernehmen stillschweigend bestimmte Aufgaben oder deren Nachbesserung. So kann z. B. jemand seine Aufgabe als Vater vernachlässigen oder nie übernommen haben, ohne daß es ihm bewußt (gemacht) wurde. Diese einseitige Lebensbewältigung wird oft erst in kritischen Situationen offenbar. Selbstbesinnung und Hinweise von Mitmenschen können hier wichtige Entwicklungsimpulse vermitteln.

Impulse: Um welche Lebensaufgaben kümmern Sie sich besonders? Wer oder was hat Ihnen diese Spezialisierung ermöglicht und welche mittelfristigen Vor- und Nachteile sind damit verbunden? Welche Lebensaufgaben möchten Sie stärker berücksichtigen? Was können Sie in der nächsten Woche tun und unterlassen, um Zeit dafür zu finden?

3.4 Selbstannahme fördern

Man ist nicht dort zuhause,
wo man seinen Wohnsitz hat,
sondern dort, wo man verstanden wird.
Chr. Morgenstern

Im Laufe unseres Lebens sammeln wir Erfahrungen über unsere Lebensaufgaben, unsere Mitmenschen und über uns selbst. Solche Erinnerungsbilder enthalten wie Landkarten mehr oder weniger Details, zutreffende Informationen, Fehler, Verzerrungen, Einseitigkeiten und weiße Flecken. Teilweise sind sie veraltet oder enthalten Planungen, die noch nicht realisiert sind. Es lohnt sich, unser Selbst- und Weltbild hin und wieder zu überprüfen und auf den neuesten Stand zu bringen.

1. Das Selbstbild: Wer bin ich – wer möchte ich sein?

Von unserem Selbstbild hängt z. B. ab, wie sehr wir Ja zu uns sagen, ob wir neue Erfahrungen zulassen bzw. aufsuchen, Lob und Kritik ernstnehmen, und welche Ziele wir für erreichbar halten. Das Bild von uns selbst enthält drei unterscheidbare Informationen.

Das private Selbstbild:	Was weiß ich über mich selbst?
Das soziale Selbstbild:	Was denken andere über mich?
Das zukünftige Selbstbild:	Was kann und soll aus mir werden?

Manchmal vermischen sich diese Informationen: Wir halten nicht auseinander, was andere oder wir selbst von uns denken, was früher, jetzt oder erst zukünftig für uns gilt. Obwohl wir fast nie wörtlich fragen, wer wir sind und sein wollen, interessieren wir uns sehr für Informationen über uns selbst. Wir reagieren spürbar auf Lob und Kritik, Erfolge und Mißerfolge, zutreffende und unzutreffende Aussagen über uns. Dabei spielt unsere Stimmung eine wesentliche Rolle. Ist sie schlecht, dann sind wir wehrlos gegen Kritik und uns fallen vorwiegend negative Selbstaussagen ein. Ist sie gut, dann können wir auch positiv über uns denken.

ÜBUNG 11:
Fragen an sich selbst überprüfen (10′)

a) Welche Fragen bevorzugen Sie beim Nachdenken über sich?

Wer bin ich leider nicht?	– betont persönliche Mängel
Wer hätte ich sein sollen?	– betont verpaßte Ansprüche
Wer hätte ich sein können?	– betont verpaßte Chancen
Wer darf ich nicht sein?	– betont Verbote, Unmögliches
Wer muß ich sein?	– betont Zwang
Wer kann ich noch sein?	– betont Möglichkeiten
Wer war ich?	– betont frühere (Miß)erfolge
Was denken die anderen?	– betont fremde Urteile
Ich frage oft …	– und betone damit …

b) Problematisch sind *veraltete, unabänderliche und fremde Urteile* über uns selbst. Formulieren Sie solche und stellen Sie ihnen aktuelle, offene und eigene Urteile gegenüber!

veraltet: früher war ich ...
aktuell: jetzt bin ich ...
unabänderlich: Ich kann nicht, ich muß immer, ich werde nie ...
offene: Es fällt mir *noch* schwer, *bisher* brauche ich meist ...
fremde: andere halten mich für ...
eigene: ich finde mich ...

c) Jede Antwort bezieht sich auf einen (kleinen) Teil unseres Selbstbildes und löst bestimmte Gefühle aus. Manchmal schieben sich Teilantworten gefühlsmäßig in den Vordergrund und machen uns blind für alles übrige. Finden Sie zu entmutigenden Einzelaussagen einen Zusatz, der Mut macht:

Ich bin geschieden,	aber ich bin auch ...
Ich bin durch die Prüfung gefallen,	aber ich bin auch ...

Es fällt schwer, Informationen über sich selbst anzunehmen, die nicht in unser Bild passen. Man übersieht solche Informationen, bezweifelt ihre Richtigkeit oder deutet sie als Ausnahme.

2. Die Einflüsse auf unser Selbstbild

Woher stammen unsere Informationen über uns selbst? Wir benutzen dazu Aussagen anderer über uns sowie eigene Urteile. Sie sind entstanden durch Vergleiche zwischen uns und anderen oder durch Folgerungen aus eigenen Verhaltensweisen.

a) Direkte und indirekte Aussagen anderer Personen über uns
Seit frühester Kindheit werden wir von den Mitmenschen direkt beurteilt durch.

Verhaltensaussagen	z. B.: Du hast heute gut geübt;
Fähigkeitszuschreibungen	z. B.: Du kannst gut singen;
Eigenschaftsurteile	z. B.: Du bist ein Lügner.

Verhaltensaussagen sind auf bestimmte Situationen bezogen, Fähigkeits- und Eigenschaftsurteile gelten langfristig und generell.

Das Verhalten anderer kann auch indirekt ausdrücken, was sie von uns denken. Ein Schüler, der unter Stöhnen als letzter in eine Mannschaft gewählt wird, spürt auch ohne Worte sehr intensiv, was man von ihm hält.

Wir glauben an solche Urteile von anderen,

- wenn wir sie häufig und deutlich erfahren,
- wenn sie von wichtigen Personen z. B. Eltern kommen,
- wenn wir kaum gegenteilige Urteile erleben und
- wenn sie zu unserer bisherigen Selbsteinschätzung passen.

Impulse: Erinnern Sie sich an Eigenschaftsurteile Ihrer Eltern und Freunde. Welche davon haben Sie durch ihr Verhalten zu widerlegen versucht? Welche haben Sie übernommen? Welche Fähigkeiten haben Sie gefördert oder vernachlässigt, weil sie Ihnen abgesprochen wurden? Aus welchen Verhaltensweisen von Mitschülern, Eltern usw. haben Sie Schlüsse über sich selbst gezogen?

b) Selbstbeurteilung durch Vergleiche und Schlußfolgerungen

Seit der Kindheit werden wir mit Geschwistern, Gleichaltrigen, Erwachsenen oder Vorbildern verglichen. Wir messen uns auch selbst mit ihnen, z. B. nach Zensuren, Beliebtheit, Besitz, Kleidung oder Körperkraft. Man kann sich dabei mit solchen vergleichen, denen es besser oder schlechter geht und fühlt sich entsprechend zufrieden oder unzufrieden. Wer sich nur nach vergänglichen Maßstäben, wie Vermögen, Leistung, Erfolg, Schönheit oder Gesundheit bewertet, dem geht es schlecht, wenn er diese Eigenschaften verliert. Manches Wertvolle übersehen wir an uns und anderen, weil uns die Maßstäbe dafür fehlen.

Oft schließen wir auch aus eigenen Verhaltensweisen und Gefühlen auf unsere Eigenschaften: Wer häufiger Angst verspürt, hält sich für ängstlich, wer in einem Gebiet noch nichts versucht hat, der hält sich darin für unfähig. Er verallgemeinert entsprechend: Ich kann nicht ... Ich bin nicht ... Auffallend seltener vergleichen wir dagegen unseren früheren und jetzigen Entwicklungsstand.

Impulse: Mit welchen Personen vergleichen Sie sich hauptsächlich? Welche Wertmaßstäbe legen Sie dabei an? Wie hat sich Ihr Mut und Ihre Zufriedenheit auf bestimmten Gebieten in den letzten zwei bis vier Jahren verändert? Welche der genannten Informationsquellen über sich selbst benutzen Sie bisher zuviel oder zuwenig? Was könnten Sie tun, um neue Erfahrungen über sich selbst zu sammeln? Suchen Sie positive Antworten auf die Frage „Wer bin ich?, Warum ist es gut, daß es mich gibt?" Welche Gedanken geben Ihnen auch dann noch Halt, wenn Sie krank sind oder in andere schwierige Lagen kommen?

Die Entwicklung und Bedeutung des Selbstbildes für unser Erleben und Verhalten läßt sich gut an Andersens Geschichte vom häßlichen jungen Entlein veranschaulichen.

„Das ist doch ein schrecklich großes Entlein!" dachte die Mutter, „keines von den übrigen sieht so aus!" Eine andere Entenmutter sagte laut: „Wie schade, alles schöne Kinder, nur das eine nicht, wenn man es doch umbrüten könnte!" Die Geschwister schimpften: „Daß dich doch die Katze erwischen würde, du häßliches Gestell!", und die Mutter meinte darauf mitleidig: „Ich wollte du wärest weit fort!" So wurde es ständig gebissen, gestoßen und verspottet. Es wußte nicht mehr, wo es gehen und stehen durfte und war sehr traurig, weil es so häßlich war. (Aus den Worten und Taten wichtiger Bezugspersonen erfährt das „Entlein" immer dieselbe negative Botschaft über sich. Es wird selbstunsicher.)

Da lief es davon und flog über eine Hecke. Die kleinen Vögel in der Hecke flatterten von seinem Schatten und Fluggeräusch erschreckt auf: „Das kommt, weil ich so häßlich bin", dachte das Entlein. Bei einer Wildentenjagd lief der Jagdhund an ihm vorbei, weil er nicht auf junge Schwäne abgerichtet war. Es dachte: „Mein Gott, bin ich so häßlich, daß mich nicht einmal der Jagdhund beißen mag?" (Das Selbstbild wird zu falschen Erklärungen herangezogen.)

Auf einem anderen Hof fragten die Hühner: „Kannst Du Eier legen? Wenn nicht, dann halte gefälligst den Schnabel!" Die Katze meinte: „Kannst Du miauen und einen Buckel machen? Nein? Dann schweig, wenn gescheite Leute reden!" Und ein guter Freund riet dem häßlichen Entlein: „Sieh endlich zu, daß du Mäuse fangen oder Eier legen lernst!" (Vergleiche mit fremden Maßstäben deprimieren noch mehr.)

Zurück auf dem Wasser fühlte es sich von allen Tieren übersehen. Es

sah traurig zu den schönen Schwänen und dachte: „Ich werde hinschwimmen und sie werden mich tothacken, weil ich häßliches Tier mich ihnen zu nähern wage.“ (Das Selbstbild führt zu Einbildungen, Befürchtungen und Entschlüssen.)
Als es angekommen war, neigte es seinen Kopf, um sich totbeißen zu lassen. Da sah es sein Spiegelbild im Wasser: Es war kein plumper schwarzgrauer Vogel mehr, sondern ein schöner weißer Schwan. Es war überglücklich und dachte: „Man kann ruhig auf einem Entenhof geboren sein, Hauptsache, man hat in einem Schwanenei gelegen.“ (Ermutigung und Lebensfreude durch verändertes Selbstbild.)

Folgende Wirkungen des Selbstbildes sind hervorzuheben:
- Es bestimmt unsere Selbstwertschätzung und Selbstsicherheit,
- Wir erklären damit Ereignisse, Erfolge und Mißerfolge,
- Wir vergleichen es mit unseren Bildern von anderen,
- Es bestimmt, was wir von uns halten, was wir erwarten und uns zutrauen.

3. Neue Erfahrungen ins Selbstbild aufnehmen

Zum Selbstbild gehören allgemeine Vorstellungen über unsere Rollen, Aufgaben und Fähigkeiten. Wir halten sie für selbstverständlich und überprüfen sie selten. Erst wenn z. B. ein Vater genauer überlegt, was er gestern mit seinen Kindern getan hat, wird daraus vielleicht eine spannende Selbstbesinnung. Dabei bevorzugen wir Urteile, die unser Selbstbild schützen. An Tagen mit Überstunden erlebt man sich als fleißig und überbeansprucht und nicht als Vater, der seine Kinder vernachlässigt hat.
Erst wenn wir etwas deutlich und wiederholt wahrnehmen und keine andere Erklärung mehr finden, ändern wir unser Selbstbild. So konnte das häßliche Entlein sich immer wieder durch einen Blick auf den Wasserspiegel von der neuen Wahrheit überzeugen und bekam nun auch bessere Rückmeldungen von anderen Tieren.
Die Vorstellungen über uns selbst bestimmen auch, was wir uns zutrauen oder nicht: Manche Gedichte wurden nicht geschrieben, weil die betreffenden sich einbildeten, sie seien dazu unfähig.

Lob und Kritik berühren uns, je mehr sie sich auf zentrale Selbstannahmen beziehen.
„Du bist ein ganz unfähiger Tiefseetaucher." Von dieser Kritik fühlen sich nur Personen getroffen, die sich für Tiefseetaucher halten. „Du kümmerst Dich zuwenig um Deine Kinder!" Diese Kritik trifft nur Personen, die sich anders einschätzen bzw. ihre Kinder wichtig nehmen (wollen). Ebenso wird ein Lob ignoriert, wenn es dem Selbstbild widerspricht. Oder man bewertet es als zutreffend aber unwichtig.

Impulse: Wann haben Sie zuletzt neue Informationen über sich gesucht? Was könnten Sie tun, um neue Seiten an sich zu entdecken? Tun Sie einmal etwas, was Sie sich bisher nicht zutrauen! Überprüfen Sie ein Lob und eine Kritik, die Sie seit längerem abwehren.

Das Selbstbild unterscheidet sich nach Art und Umfang bei verschiedenen Personen. Es enthält viele oder wenige Informationen, wichtige oder unwichtige, starre oder veränderbare, gute und schlechte, Informationen, die zueinander passen oder widersprüchliche, überholte oder noch nicht zutreffende. Es besteht z. B. aus
Besitzaussagen: Ich habe eine Frau, Kinder, Geld ...
Fähigkeitsaussagen: Ich kann gut bzw. schlecht ...
Erlebnisaussagen: Ich mag, ich kann nicht leiden ...
Entwicklungsaussagen: Ich möchte lernen, werde versuchen ...
Wirkungsaussagen: Man mag mich, man hat Angst vor mir ...
Manche Meinungen über sich selbst werden durch aktuelle Ereignisse immer wieder bedroht.

ÜBUNG 12:
Eigene und fremde Selbstaussagen vergleichen (10′)

Ergänzen Sie folgende Sätze aus eigener Sicht und aus der eines Vertrauten. Finden Sie möglichst mehrere Antworten, auch wenn Sie teilweise daran zweifeln. Überprüfen Sie Ihre Antworten im Gespräch mit einem Partner und durch eine Verhaltensprobe in der nächsten Zeit.

Ihre Selbstbeurteilung	*Ihr Vertrauter sagt über Sie*
Ich habe ...	Du hast ...
Ich kann gut ...	Du kannst gut ...
Ich kann schlecht ...	Du kannst nicht gut ...
Ich mag gern ...	Du magst gern ...
Ich kann nicht leiden	Du kannst nicht leiden ...
Ich möchte gern ...	Du wünschst dir ...
Ich werde versuchen ...	Du willst versuchen ...
Andere schätzen an mir ...	Andere schätzen an dir ...
Andere kritisieren an mir ...	Andere kritisieren an dir ...

4. Selbstannahme als Lebensaufgabe

Sich anzunehmen, ist eine Aufgabe, die jeder für sich selbst lösen muß. Manche verbinden damit falsche Vorstellungen.

Sich annehmen, heißt nicht,
- sich überschätzen und andere abwerten,
- egoistisch sein und sich zum Mittelpunkt der Welt machen,
- unfähig sein zu Selbstkritik,
- sich nur widerwillig ertragen.

Sich selbst annehmen heißt vielmehr,
- ja zu seinem Leben sagen,
- eigene Stärken, Schwächen und Fehler annehmen,
- sich selbst als lohnende Entwicklungsaufgabe sehen.

Die Selbstannahme ist eine Daueraufgabe mit veränderlichen Zwischenergebnissen. Annehmen können wir nur, was wir wirklich kennen, und dazu sollten wir hin und wieder über uns nachdenken.

Je mehr wir uns annehmen, um so eher können wir über uns selbst lachen, uns loben, aus Kritik und Fehlern lernen und sind weniger angewiesen auf Tageserfolge und fremde Anerkennung. Das ist besonders wichtig für Mitglieder sozialer Berufe. Wer sich zuwenig um sich selbst und zuviel um andere kümmert, steht in der Gefahr auszubrennen. Er sollte sich den Rat geben: Liebe Dich selbst so sehr wie Deinen Nächsten!

Eine Geschichte von den frühen ägyptischen Mönchen zeigt die Bedeutung von Selbstbesinnung für den Umgang mit Mitmenschen schon lange bevor der Begriff „Ausbrennen" von Aronson u.a. (1983) geprägt wurde:

Drei, die das Heil und das Glück suchten, wurden Mönche. Einer wollte Streitenden zum Frieden verhelfen, der andere Kranke besuchen, der dritte aber wollte in der Einsamkeit die Stille finden. Der erste gab sich große Mühe mit den Streitigkeiten der Menschen, aber er konnte nicht alles in Ordnung bringen. Schließlich gab er sich geschlagen und ging zu dem, der die Kranken pflegte. Auch dieser war am Ende seiner Kräfte.
Da beschlossen beide, den aufzusuchen, der in die Wüste gegangen war und fragten ihn: „Sage uns doch, was Du erreicht hast!" Dieser goß Wasser in ein Gefäß und sagte zu ihnen: „Gebt auf das Wasser acht!" Das Wasser war unruhig. Kurze Zeit später sagte er wieder: „Achtet jetzt darauf, wie klar das Wasser geworden ist." Und als sie in das Wasser schauten, sahen sie ihre Gesichter wie in einem Spiegel. Und der dritte sagte weiter: „So geht es dem, der sich mitten unter den Menschen aufhält. Von dem Wirbel der Unruhe sieht er sich selber nicht. Wenn er aber still wird in der Einsamkeit, bekommt er sich selber zu Gesicht."

Christen haben einen besonderen Grund, sich selbst anzunehmen. Sie wissen sich von Gott geschaffen und erlöst mit dem Auftrag: Liebe deinen Nächsten wie dich selbst!
Als Atheist sagt Jochen Gamm (1977) sinngemäß: Ich kann nicht daran glauben, daß mich ein Gott gewollt und ins Leben gerufen hat. Manchmal denke ich aber daran, daß bei meiner Zeugung einige hunderttausend Samenzellen wirkungslos blieben, aus denen ein jeweils anderer Mensch als ich entstanden wäre. Das gilt natürlich auch für meine Eltern und deren Eltern usw. Es ist deshalb ganz unwahrscheinlich, daß gerade ich lebe. Angesichts der vielen Nichtgeborenen und Toten ist es wunderbar, daß ich lebe und täglich Neues spüren und versuchen kann.

5. Negative Selbstinformation überprüfen

Es fällt schwer, mit negativen Informationen über uns umzugehen.
Manche glauben Negatives eher als Positives. Sie finden es sogar schlau, mit dem Schlimmsten zu rechnen. Wenn es besser wird, können sie sich freuen und sonst haben sie wenigstens recht gehabt. Allerdings ist diese Taktik nicht ungefährlich, denn man kann seiner eigenen Propaganda zum Opfer fallen.

Andere neigen zum Gegenteil. Sie klammern sich an gute Absichten und Hoffnungen oder leugnen schmerzliche Selbstaspekte, z. B. eine Schuld, eine Krankheit, das Alter, die Arbeitslosigkeit, ihre Einsamkeit: „Meine Kinder mögen mich schon, wenn sie es auch nicht zeigen ..." Zu ihrer Unterstützung suchen sie sich Rechtgeber statt Ratgeber und leisten ihnen den gleichen Dienst.
Dieser Selbstschutz gegen bedrückende Tatsachen hat allerdings seinen Preis. Oft kostet dieser Kampf gegen Tatsachen soviel Kraft wie deren Annahme. Je länger wir leugnen, umsomehr Zeit verlieren wir für geeignete Maßnahmen und umso schwerer wird uns die Einsicht fallen.
In Partnerschaften kann man die Nachteile dieser Strategie beobachten. Dort kann die Kluft zwischen der eigenen Selbstüberschätzung und der Unterschätzung durch den Partner bis zur Trennung führen.

Impulse: Welche Gedanken über sich selbst können Sie nur schwer annehmen? Was könnten Sie wieder tun oder lassen, wenn Sie einmal davon ausgehen, daß sie zutreffen? Was wäre, wenn Sie gar nicht so sind, wie sie befürchten? Prüfen Sie eine negative Aussage über sich durch ein überschaubares Verhaltensrisiko.

6. Vermutungen über unser Bild im anderen überprüfen

Jeder sieht uns anders. Für meinen kleinen Sohn bin ich stark, für einen Berufsboxer bin ich schwach. Wir ahnen oft nur, was andere über uns denken, ohne es genau zu wissen. Solche Vermutungen haben handfeste Konsequenzen für unser Erleben und Verhalten. Wir versuchen, einen erwünschten Eindruck zu verstärken und einen unerwünschten zu korrigieren. Wenn wir uns zurecht oder zu unrecht abgelehnt fühlen, reagieren wir mit Verteidigung. Wir erleben und handeln auf Verdacht, solange wir die Meinung anderer über uns nicht genauer kennen. Das zeigt der folgende Versuch sehr anschaulich:

Zu einer Zeit der Rassentrennung in den USA gab es getrennte Wartezimmer für schwarze und weiße Menschen. Damals wurden einige schwarze und weiße Bürger zu einem Versuch eingeladen. Man führte sie paarweise in dasselbe Wartezimmer, angeblich, weil das andere gerade renoviert wurde. Bei jedem zweiten Paar wurden die Partner einzeln und im Stillen darüber informiert, daß derjenige, der mit ihnen warten müsse, Menschen anderer Hautfarbe widerlich fände. Diese Information traf nicht zu. Dennoch zeigten die falsch informierten Partner häufiger Zeichen von Feindseligkeit und gerieten teilweise in Streit.

Ob wir wollen oder nicht, negative Gefühle kommen in unserer Stimme, in Blicken, Gesten und anderen Verhaltensweisen zum Ausdruck. So können aus eingebildeter Ablehnung tatsächliche Feindseligkeiten entstehen.
Wir können dazu beitragen, daß aus solchen Einbildungen kein unnötiges Leid entsteht, indem wir wenigstens bei bestimmten Personen Vermutungen direkt ansprechen. Denn es gibt Dinge über uns, die nur wir wissen. Wenn wir z. B. im Gespräch erklären, warum wir gerade zornig oder müde sind, können uns andere vielleicht besser verstehen und sind nicht auf ihre Vermutungen angewiesen. Gleichzeitig können wir unsere Empfindungen „ins Wort erheben" und damit vor uns selbst überprüfen. So erfahren wir mehr über uns selbst und die Zuhörer verstehen unser Verhalten besser, weil sie nun unsere privaten Gedanken und Empfindungen nachvollziehen können. Damit vergrößert sich der persönliche und gemeinsame Wissensschatz über uns.
Natürlich können wir auch andere fragen, wie unser Verhalten auf sie wirkt. Wenn sie uns ihre Einschätzung mitteilen, können wir diese vergleichen mit unseren Vorstellungen und erkennen, daß Zorn oder Müdigkeit schlimmer oder weniger schlimm gewirkt haben als wir dachten.
Wer sich offen mitteilt und seine Wirkung auf andere erfragt, macht sich angreifbar. Man sollte dies daher nur bei berechtigtem gegenseitigen Vertrauen tun. Außerdem ist es gut, mit mehr als einem Vertrauten so zu reden, damit sich einseitige Bewertungen ausgleichen können. Falle nie in die Hände nur eines Menschen – auch nicht nur in die deinen!

3.5 Bewertungen überprüfen

Die wahre Entdeckungsreise besteht nicht im Besuchen ferner Länder, sondern darin, altes mit neuen Augen zu sehen!

Entwicklungsimpulse beginnen mit einer Verhaltensänderung oder einer Neubewertung. Wer z. B. seine Aufgaben als Vater neu bewertet, findet die zugehörigen Verhaltensänderungen vielleicht anstrengend aber sinnvoll. Durch die Neubewertung wird seine Last zur Trainingshantel und zur selbstgewählten Entwicklungsaufgabe. Umgekehrt kann auch eine erzwungene Verhaltensänderung (durch die Abwesenheit der Mutter) neue Werterfahrungen vermitteln.
Manche kommen lieber durch Verhaltensänderungen zu Neubewertungen, andere bevorzugen den umgekehrten Lernweg. Letztlich müssen Entwicklungsimpulse beide Seiten erfassen, sonst fällt man in seine alten Gewohnheiten zurück.

Impulse: Was möchten Sie über Ihren Umgang mit Werten erfahren? Wollen Sie Ihre Bewertungen im Alltag überprüfen oder über Ihre Idealvorstellungen vom sinnvollen Leben nachdenken? Möchten Sie die Bewertungen anderer besser verstehen oder sich entschiedener mit gesellschaftlichen Wertvorstellungen auseinandersetzen? Sind für Sie Verhaltensänderungen oder Neubewertungen vordringlicher? Auf welchem Gebiet haben Sie in Ihrem Leben schon einmal Umbewertungen vorgenommen?

1. Werte und alltägliche Bewertungen

Werte sind unsere erlernten Beurteilungsmaßstäbe, z. B. für Ereignisse, Personen, Vorstellungen oder Ziele.
Wir bewerten eher gefühlsmäßig oder rational, bewußt oder unbewußt, als gut oder schlecht, wichtig oder unwichtig, gefährlich oder nützlich. Manche Werte gelten nur für einzelne Personen, andere sind für Gruppen oder ganze Völker verbindlich. Sie können formuliert sein als handlungsleitende Ge- und Verbote: Ernähre dich gesund! Lüge nicht!, als allgemeine

Entscheidungsregeln: Lieber Fehler riskieren als Chancen zu verpassen! oder als abstrakte Begriffe, z. B.: ‚Frieden'. Wer damit keine Verhaltensweisen verbindet, kann sich auch nicht bewußt für diese Werte einsetzen.
Sie können nun Ihre bewußten und unbewußten Wertungen im Alltag entdecken, deren Entwicklung nachvollziehen und einige Folgen genauer betrachten.

2. Bewußte und unbewußte Bewertungen entdecken

a) Der Zeitaufwand zeigt, was wir wirklich wichtig nehmen

Auf die Frage nach den wichtigen Dingen in unserem Leben geben wir oft Wunschantworten: Gesundheit, gute Bücher lesen, Konzerte besuchen usw. Ein Zeittagebuch macht uns den Unterschied zwischen eingebildeten und handlungsleitenden Werten deutlich. Unser Zeitaufwand für diese hoch geschätzten Tätigkeiten ist oft gering. „Dafür bleibt mir keine Zeit!" Mit solchen Entschuldigungen verdecken wir vor uns und anderen, was uns eigentlich wichtig ist. Da wir unsere Zeit nur einmal ausgeben können, müssen wir **Wichtiges unterlassen, um noch Wichtigeres zu beginnen!** So ist der Zeitaufwand eine Nagelprobe für unsere tatsächlichen Wertvorstellungen.

ÜBUNG 13:
Unseren Zeitaufwand überprüfen (7 × 2′)

Schätzen Sie Ihren Zeitaufwand pro Woche für drei wichtige und drei unwichtige Verhaltensweisen. Notieren Sie ihn eine Woche lang täglich. Haben Sie gut geschätzt? Möchten Sie etwas verändern?

Was haben Sie in der kommenden Woche zu erledigen,
im **Umgang mit Aufgaben:** Beruf, Hausarbeit, Nebentätigkeiten, Auto, Garten, Natur, Besitz, Haustieren ...,
im **Umgang mit Menschen:** Partnern, Kindern, Eltern, Kollegen, Freunden, Gegnern ...,
im **Umgang mit sich selbst:** Essen, Trinken, Schlafen, Gammeln, Fernsehen, Hobbies, Gesundheit, Sinnfragen, Weiterbildung, Ärger, Angst, Freunde ...

	Schätzen	Kontrollieren							Vergleichen
Tätigkeiten	vermutlich	MO	DI	MI	DO	FR	SA	SO	zus. pro Tag

b) Wertvorstellungen in Wünschen, Alpträumen und Phantasien
In Wünschen drücken sich unsere Ziele und Wertvorstellungen aus. Alpträume zeigen unsere Angst vor Wertverlust. Manchmal erfragen wir Wertvorstellungen direkt, z. B.: Was würdest du tun, wenn du im Lotto gewinnst?, oder wenn du nur noch ein Jahr zu leben hättest?

ÜBUNG 14:
Wertentwicklung durch Phantasien entdecken (10')

Wie sich unsere Wertvorstellungen im Laufe der Zeit entwikkeln, entdecken wir erst in größeren Zeitabständen.

– **Wie erging es Ihnen heute vor fünf Jahren?**
Wo lebten Sie damals, welche Wünsche, Sorgen und Hoffnungen bewegten Sie? Wie redeten Sie damals mit einem Freund über die Zukunft? Hatten Sie damals mehr oder weniger Zeit, Pläne und Aussichten? Welche Ängste waren unbegründet, welche Sorgen hätten Sie sich machen sollen? Welche Veränderungen stellen Mitmenschen seit damals an Ihnen fest?

– **Wie ergeht es Ihnen im Augenblick?**
Welche Wünsche, Sorgen und Ärgernisse bewegen Sie zur Zeit? Was hat sich seither verändert: Haben Sie mehr oder weniger Freunde, leben Sie heute bewußter? Würden Sie gerne diese Zeit noch mal neu durchleben?

– **Wie mag es Ihnen schlimmstenfalls in fünf Jahren gehen?**
Wie könnte es Ihnen in fünf Jahren ergehen, wenn sich alles besonders schlecht entwickelt, beruflich und privat, gesundheitlich und mitmenschlich. Variieren sie wieder die Katastrophen, bis sie eine wirklich schlimme, aber denkbare Lage vor sich haben. Kehren Sie um fünf Jahre weiser zurück und planen Sie Schritte, um diese Katastrophe zu vermeiden!

– **Wie mag es Ihnen bestenfalls in fünf Jahren gehen?**
Wie könnte es Ihnen in fünf Jahren ergehen, wenn sich alles besonders gut entwickelt: Träumen Sie diesen Traum sehr anschaulich, vielleicht müssen Sie einige Varianten ausprobieren, bis Sie sich den schönsten realistischen Zukunftstraum ausmalen können. Kehren Sie um fünf Jahre weiser und glücklicher zurück und ermutigen Sie sich zu kleinen Schritten in diese Richtung.

– **Warum beneiden oder bedauern Sie bestimmte Menschen?**
Ziehen Sie daraus für sich wenigstens eine Konsequenz!

c) Verhaltenspläne als Stufen unserer Werthierarchie

Mit jedem Verhalten verfolgen wir Nah- und Fernziele bzw. mehr oder weniger wichtige Pläne auf kürzere und längere Sicht.

Wer viele Überstunden arbeitet, verfolgt vielleicht das Nahziel „Verdiene möglichst viel Geld!“. Dies könnte dem Plan zweiter Ordnung dienen: „Steigere dein Ansehen!“, und dies wiederum einem noch wichtigeren Plan: „Verbessere deine Wahlchancen für ein wichtiges Amt!“

Wir können auf bestimmte Verhaltensweisen verzichten, wenn der zugehörige Plan auch mit anderen Mitteln erreichbar ist. Andere Gewohnheiten sind unveränderbar, weil wir damit sehr wichtige oder sehr viele Ziele verfolgen, die wir anders für nicht erreichbar halten.

Mehrere Verhaltensweisen können demselben Plan dienen. So kann jemand durch freundliche Blicke, Komplimente, das Verschweigen von Kritik und Dankbarkeit den (unbewußten) Plan verfolgen: „Mache dich beliebt, vermeide Ablehnung!“ Wichtige Pläne verfolgen wir immer mit mehreren Verhaltensweisen.

Umgekehrt kann ein Verhalten auch für mehrere Pläne nützlich sein. Mit einem Saunabesuch kann man verschiedene Pläne gleichzeitig verfolgen: Halte Kontakt zu Bekannten! Vermeide Erkältungskrankheiten! Werde schlanker! Entspanne dich regelmäßig!
Ein Plan ist für Sie um so wertvoller, je häufiger Sie ihn auf vielen Gebieten und mit vielen Verhaltensweisen verfolgen und je seltener Sie ihn für andere Pläne aufgeben.
Verhaltenspläne wirken sich schädlich aus, wenn wir sie zu häufig oder in ungeeigneten Situationen verfolgen. Wenn Sie sich z.B. zu unbedingt nach dem Plan richten: Mache dich nicht unbeliebt!, dann verletzen Sie möglicherweise andere nützliche Pläne wie z.B.: Vertritt deine Anliegen deutlich, erwecke keine falschen Eindrücke!
Wir sollten daher den Geltungsbereich wichtiger Pläne hin und wieder überprüfen und eingrenzen: Mach dich nicht unbeliebt, **aber** täusche auch keine falschen Anliegen vor!

Impulse: Welche Pläne haben heute Ihr Tun und Lassen bestimmt? Welche vermissen Sie? Formulieren Sie zu einem wichtigen Plan sinnvolle Einschränkungen.

d) Oberste ‚Geheimpläne' seit der frühen Kindheit

Hinter aller Vielfalt unserer Aktivitäten steht schließlich ein oberster Plan, die ‚Priorität Nummer eins', die unseren gesamten Lebensstil oft unerkannt, aber nachdrücklich bestimmt. Sie entwickelt sich aus einem Mangel, den wir seit frühester Kindheit besonders fürchten und unbedingt vermeiden wollen. Die Angst davor verführt uns zu einem Sicherheitsstreben, das uns vordergründig schützt, aber auch verwundbar macht.
Wer z.B. besondere Angst davor hat, abgelehnt und alleingelassen zu werden, der wittert in vielen Situationen Ablehnungsgefahren. Um sich davor zu schützen, will er es möglichst jedem Mitmenschen recht machen, sagt ungern nein, und erfüllt unausgesprochene Bitten nach Art des vorauseilenden Gehorsams. Manche Mitmenschen mögen das,

anderen ist das eher peinlich oder sie werden ärgerlich, weil er viele Zusagen nicht einhalten kann.
Je stärker wir dieses oberste Ziel (daher Priorität Nummer eins) überschätzen, um so mehr vergessen wir andere wichtige Ziele. Aus dem: Ich *möchte am liebsten,* daß meine Mitmenschen mich mögen ... wird ein: Ich *muß unbedingt* angenommen sein und koste es mein Leben.
Die Angst, unser oberstes Ziel nicht zu erreichen, wird zum gefährlichen Ratgeber: Man will unbedingt

- etwas Besonderes sein und wird ein besonderer Pflegefall;
- geliebt werden und wird statt dessen ausgenutzt;
- Einfluß haben und bezahlt mit Einsamkeit und Angst
- gemütlich leben und endet in ungemütlichen Lagen.

Es kann einen also teuer zu stehen kommen, wenn man Liebe oder Gemütlichkeit, Sicherheit oder Überlegenheit so rigoros anstrebt, daß man die anderen Ziele zu sehr vernachlässigt.
Die folgende Tabelle faßt diese vier weitverbreiteten Prioritäten mit ihren Vor- und Nachteilen zusammen.

Tabelle 2: Vier Prioritäten nach Schoenaker (1984)

Priorität (Wunsch)	**unbedingt vermeiden**	**Gefühle des anderen**	**Preis zu bezahlen**
Bequemlichkeit (Gemütlichkeit)	Schmerz, Gefahr Belastung, Streß Verantwortung	hilfsbereit bis irritiert	geringe Leistung
Gefallenwollen (Liebe)	Ablehnung, unerwünscht sein	Sympathie akzeptiert bis Mitleid	verkümmerte Selbstverwirklichung
Kontrolle (Sicherheit, Eigenständigkeit)	lächerlich sein, Demütigung, Unerwartetes	abgestoßen (Angst) bis herausgefordert	mangelnde Spontaneität, sozialer Abstand
Überlegenheit (Bedeutung haben)	Bedeutungslosigkeit, Nichtssein	Toleranz bis Unterlegenheit	Gefährdung von Freundschaft, Überlastung, Überverantwortlichkeit

Impulse: Kennen Sie Ihre höchste Priorität und die dazugehörigen Gewohnheiten? Welche Vor- und Nachteile sind damit verbunden? Wie wirken Bekannte auf Sie, die andere Prioritäten besonders deutlich verfolgen?

Unter dem Titel: Ratschläge sind auch Schläge!, hat von Varga (1979) eine andere Gruppe von Regeln beschrieben, die wir von Kindesbeinen an übernommen haben, um die Zuwendung unserer Eltern nicht zu verlieren.

Manche Eltern sagen oft:
- Faß das nicht an, es geht kaputt!
- Du bist nicht zornig, du bist nur übermüdet!
- Was tust du mir da an!

Ihr Kind versteht und lernt:
- Ich mache alles kaputt, ich bin nichts wert!
- Trau deinen Sinnen nicht, Mutter weiß es besser!
- Du bist für meine Gefühle verantwortlich!

Die Eltern schärfen ihrem Kind ein, daß nur so etwas aus ihm wird. Sie übertragen ihre eigenen Werte, wenn sie sagen:
- Sei stark, weil sie fürchten selbst schwach zu sein;
- Mach schnell, weil sie sich selbst keine Zeit gönnen;
- Sei perfekt, weil sie mit sich selbst unzufrieden sind;
- Sei gefällig, weil ihnen die Meinung anderer wichtiger ist.

Solche Einschärfungen sind in manchen Situationen nützlich. Wenn wir sie zu rigoros befolgen, behindern sie unseren Entwicklungsspielraum und unsere Lebenszufriedenheit. Dann sollten wir sie durch eine ermutigende Erlaubnis entschärfen!

Tabelle 3: Erlaubnis gegen Einschärfungen

Entmutigende Einschärfung	**Ermutigende Erlaubnis**
Sei stark!	Sei wie du bist!
Mach es alleine!	Du darfst auch um Hilfe bitten!
Reiß dich zusammen!	Du darfst auch Gefühle zeigen!
Halte Distanz zu anderen!	Du darfst dich auch anvertrauen!

Entmutigende Einschärfung	Ermutigende Erlaubnis
Sei perfekt! Mach keine halben Sachen!	Du darfst auch Fehler machen! Du darfst auch üben!
Mach schnell! Vergeude nie die Zeit!	Du darfst dir auch Zeit lassen! Du darfst auch mal trödeln!
Sei gefällig! Sei zu anderen lieber als zu dir selbst!	Du brauchst nicht mehr alle Leute glücklich zu machen!
Gib dir Mühe! Strenge dich an! Du mußt immer ...!	Du darfst auch mal mit halber Kraft dabei sein!

Impulse: Welche dieser Einschärfungen befolgen oder vermitteln Sie besonders entschieden? Welchen Preis zahlen Sie selbst und andere dafür, wenn sie sich zu sehr danach richten? Erteilen Sie sich mit guten Gründen eine ermutigende Erlaubnis.

Werte beeinflussen Entscheidungen und Gefühle. Sie stabilisieren gute und schlechte Gewohnheiten, rechtfertigen Handlungen und Ziele, motivieren unser Tun und Lassen, sind ein Hinweis auf den persönlichen Lebenssinn und zeigen Erfahrungen in verschiedenem Licht. Es lohnt sich, diese Wirkungen mit ihren Vor- und Nachteilen genauer zu betrachten.

3. Werte beeinflussen Entscheidungen und Gefühle

Im täglichen Zusammenleben entscheiden wir uns oft automatisch, unbewußt und vorhersehbar. Erst bei Konflikten spüren wir die Qual der Wahl zwischen gleichbewerteten Alternativen. Dann müssen wir einen Wert vernachlässigen, um einen anderen zu verwirklichen.

Als Gast und Autofahrer kann Sie das Angebot alkoholischer Getränke in ganz verschiedene Konflikte bringen. Sie müssen sich entscheiden zwischen Verkehrssicherheit oder der Zufriedenheit Ihrer Gastgeber, zwischen abgelehnt zu werden oder als umgänglich zu gelten. Wer in dieser Situation keinen Konflikt spürt, für den sind entweder nur unbedeutende oder sehr

verschieden wichtige Werte im Spiel, so daß er sich problemlos entscheiden kann.
Bei wichtigen Wertkonflikten spüren wir das Bedürfnis besonders deutlich, unsere Entscheidungen nachträglich zu rechtfertigen und die abgewählte Möglichkeit unwichtiger darzustellen.
Auch wenn wir Freude, Ärger oder Angst empfinden, liegt das an unseren Bewertungen in dieser Situation. Meist kommen mehrere Empfindungen zusammen. Dazu ein Beispiel:

Herr X ärgert sich, weil er den Bus verpaßt hat. Er spürt naßkalten Regen, Müdigkeit und Hunger und wäre gern im trockenen Bus. Er denkt an die verlorene Zeit, in der er eine wichtige Aufgabe nicht erledigen kann, daß seine Familie auf ihn wartet, daß der Busfahrer zu träge war, die Tür nochmal zu öffnen, daß ihn jemand im Büro aufgehalten hat ...

Wir bewerten auch unsere Ziele, Erfolge und Mißerfolge. Wir sind mehr oder weniger froh, wenn wir ein Ziel erreichen, ärgerlich, wenn wir es verfehlen und depressiv, wenn wir keine Ziele mehr haben. Unbedeutende Erfolge können wir nicht genießen. Überhöhte Ansprüche führen nicht nur zu Ärger und Mißerfolg. Wir halten dann vieles für selbstverständlich und können uns nur noch über Außerordentliches freuen. Wer Teilerfolge nicht mehr würdigen kann, wird es auch aufgeben, sich erreichbare Zwischenziele zu setzen. Er erfährt nicht mehr die Macht seiner kleinen Schritte.

Impulse: Welche Konflikte erleben Sie häufiger? Um welche Werte geht es Ihnen dabei, und wofür entscheiden Sie sich? Welche Bewertungen waren im Spiel, wenn Sie sich in letzter Zeit gefreut bzw. geärgert haben oder sich Sorgen machten? Wie gut beherrschen Sie die Kunst, sich über Teilerfolge zu freuen und sich Zwischenziele zu setzen?

Wertvorstellungen sind auch Maßstab dafür, ob wir uns selbst oder andere sympathisch finden. Gleich zu gleich gesellt sich gern. Nach dieser Volksweisheit mögen sich Personen mit gleichen Interessen oder Abneigungen und solche, die an einem Partner Eigenschaften schätzen, die sie selbst leider nicht besitzen. Schließlich mögen sich Personen, wenn sich ihre Eigenschaften gut ergänzen nach dem Motto: Gegensätze ziehen sich an. In Begegnungen mit Mitmenschen spüren wir schnell, ob wir ähnliche Wertvorstellungen haben oder nicht. Je deutlicher unsere Zuneigung oder Ablehnung wächst, um so prägnanter wird auch unser Wertempfinden. Daher umgeben wir uns gerne mit Menschen, die unseren Wertvorstellungen entsprechen bzw. ergänzen, denn das fördert auch unsere Selbstwertschätzung.

4. Werte stabilisieren gute und schlechte Gewohnheiten

Gewohnheiten kann man nicht einfach aus dem Fenster schmeißen. Man muß sie Stufe für Stufe die Treppe herunterlocken.
(Mark Twain)

Wir empfinden unsere Vorlieben und Abneigungen meist als selbstverständlich und übersehen die damit verbundenen Nachteile. Es kostet Kraft und Geduld, Gewohnheiten zu überwinden. Wer nicht mehr rauchen will, muß auf den Geschmack, die Entspannung und andere Wirkungen verzichten. Es ist vielleicht ein zu schwacher Trost, daß er damit etwas für seine Gesundheit tut oder seinen Kindern ein gutes Beispiel gibt.

Wenn wir ein Verhalten verändern wollen, müssen wir zunächst die Bewertungen verstehen, die es aufrechterhalten. Wozu tue ich dies oder lasse das, warum schaffe ich jenes nicht? Was hat der sich dabei gedacht? Es tut weh, wenn man einen Ohrring entfernt, ohne auf seine Befestigung zu achten. So muß man auch verstehen, wie eine Gewohnheit im Wertesystem verankert ist, bevor man sie verändern kann. Jede Veränderung ist mit einer Auf- und Abwertung verbunden. Das Ja zu einem Ziel kostet viele Nein! Viele Vorsätze scheitern, weil wir den Preis dafür nicht zahlen wollen. Nach dem Motto: ‚Wasch mich, aber mach mir den Pelz nicht naß!‘, möchten wir zwar gesünder leben, aber unsere Eßgewohnheiten beibehalten; wir wollen zwar mehr Kontakte zu anderen haben, aber ohne Zeit dafür zu investieren.

Dazu eine kleine Geschichte von J. P. Hebel, hier verkürzt zusammengefaßt:

Ein reicher Mann hörte auf zu arbeiten. Er aß und trank den ganzen Tag und saß am Fenster, um den Leuten zu zeigen, daß er sich das leisten konnte. Er wurde dick und träge und bildete sich jeden Tag eine neue Krankheit ein. Damit ging er von Arzt zu Arzt, verschlang Unmengen von Tabletten, weigerte sich aber entschieden, wieder zu arbeiten und weniger zu essen. „Wozu bin ich reich, wenn ich arbeiten und essen soll wie ein Armer!" sagte er. Endlich hörte er von einem berühmten Arzt in der Hauptstadt und schrieb diesem sein Leid. Der antwortete: „Reiche Menschen können so viel essen und so wenig arbeiten, wie sie wollen. Ihr aber habt einen Drachen im Leib, deshalb müßt Ihr zu mir kommen, aber zu Fuß, denn durch das Rukkeln von Pferd oder Wagen könnte er erwachen und Euch zerbeißen. Eßt möglichst wenig, um ihn nicht noch zu mästen. Wenn Ihr das nicht tut, werdet Ihr bald sterben. Macht, was Ihr wollt."
Nun bekam der Reiche Angst um sein Leben. Er befolgte den Rat und machte sich auf den Weg. Die ersten Tage waren furchtbar, aber es ging immer besser, und als er bei dem Arzt ankam, waren alle Beschwerden verschwunden. Der Arzt merkte das, ließ sich den Rat teuer bezahlen und fügte hinzu: „Der Drache ist gestorben, aber Ihr habt noch seine Eier im Leib. Eßt daher nie zuviel und arbeitet regelmäßig, sonst könnten die jungen Drachen schlüpfen und Euer Ende wäre furchtbar."

Diese Geschichte macht deutlich: Man kommt nicht ans Ziel, ohne den Weg zu gehen. Man ändert sich erst, wenn ein neues Ziel wichtiger wird als das bisherige. *Es ist schön*, wie ein Reicher zu leben, aber *wichtiger ist es*, gesund zu bleiben, sonst nützt der Reichtum nichts!

Impulse: Was hindert Sie, bestimmte Vorsätze zu verwirklichen? Wie müßten Ihre Berater handeln, damit Sie sich danach richten? Mit welchen Gründen verwerfen Sie gute Ratschläge und Ideen? Warum finden Sie es gut, eine bestimmte Gewohnheit zu verändern? Warum wäre es schade, sie beizubehalten? Machen Sie sich zuerst die Vorteile deutlich, bevor Sie über den Preis dafür nachdenken!

5. Durch Werte rechtfertigen wir Handlungen und Ziele

Wertvolle Absichten verfolgen wir mit besonderer Entschiedenheit. Wer z. B. eine Abmagerungskur machen will, tut dies umso ausdauernder, je mehr wertvolle Ziele er damit verbindet, z. B. Gesundheit, attraktive Kleidung oder größeres Ansehen. Wertvolle Ziele und Absichten immunisieren uns aber auch gegen Kritik. „Ich tue das ja nur, weil ..." Mit solchen Entschuldigungen machen wir uns unangreifbar und unbelehrbar. „Ich wollte ja nur sein Bestes!" Durch solche Rechtfertigungen können wir die unerwünschten Folgen unseres Verhaltens schneller vergessen. Mit guten Absichten können wir uns auch problematische Gewohnheiten erlauben: „Ich rauche jetzt, um nicht dicker zu werden, um mich zu entspannen ..." Manche gehen noch weiter: „Ich **muß** jetzt rauchen, sonst bin ich gereizt und schlage mein Kind."
Manchmal halten wir uns für tolerant, dabei fehlt uns nur die eigene Meinung oder der Mut zum Widerspruch. Wir freuen uns, daß wir nicht wie die anderen sind und bemerken nicht die Menschenverachtung in dieser Dankbarkeit. Bei genauerem Hinsehen könnten wir in mancher Schwäche auch Tugendhaftes entdecken und umgekehrt. Manche schmücken sich mit wertvollen Absichten, obwohl sie in der betreffenden Situation gar nicht anders handeln konnten. Der Volksmund warnt vor solcher Moral-Kosmetik: Rühme nie die Sittlichkeit aus Mangel an Gelegenheit! Wie weit man den Selbstbetrug mit Werten treiben kann, zeigen Diktatoren und Terroristen, die ihre unmenschliche Gewalt mit „wahrer" Befreiung rechtfertigen.

6. Werte motivieren unser Tun und Lassen

Wenn jemand einmal eine Theorie akzeptiert,
führt er bittere Nachhutgefechte gegen Tatsachen!
J. P. Sartre

Wertvorstellungen geben uns Menschen als einzigen Lebewesen die Kraft, biologische Reaktionen wie Angst und Schmerz zu überwinden. Anstrengungen werden sinnvoll im Lichte wichtiger Ziele. Jede Frau erlebt bei der Entbindung Ängste und Schmerzen. Wenn sie ihr Kind bejaht, kann sie diese viel

besser ertragen. Umgekehrt können wir Wutanfälle oder hemmungslose Bedürfnisbefriedigung trotz fehlender Instinktsteuerung durch Bewertungen kontrollieren.
Unser Tun und Lassen können wir durch plastische Vorstellungen beeinflussen. Jemand lernt z. B. trotz schönem Badewetter Vokabeln, weil er sich die Vor- und Nachteile bei der nächsten Auslandsreise sehr gut vorstellen kann. Ein anderer wehrt sich gegen verführerische Speisen durch eine Ekelphantasie. Er stellt sich im Angesicht einer schönen Torte vor, wie er ein Stück wabbeliges Fettgewebe in seiner Hand fühlt und betrachtet.
Natürlich sind wir am besten motiviert, wenn wir uns die positiven Nah- und Fernziele genauso plastisch vorstellen wie unsere Katastrophen- und Ekelphantasien. Wer abnehmen möchte, sollte sich unbedingt auch vorstellen, wie er sich nach der Fastenkur wohler fühlt oder welche attraktive Kleidung er dann tragen wird.

Impulse: Wählen Sie eine Tätigkeit aus, mit der Sie überwiegend Unangenehmes vermeiden, und überlegen Sie dazu auch positive Ziele! Verknüpfen Sie neue Vorsätze und Ihre bisherigen Gewohnheiten mit anschaulichen Vorstellungen, die ihre Änderungsbereitschaft stärken.

7. Werte sind ein Hinweis auf den persönlichen Lebenssinn

Vielen von uns fällt es schwer, über ihre Wertvorstellungen zu reden. Wir sagen verharmlosend: Über Geschmack kann man nicht streiten! Dennoch orientieren wir uns bewußt oder unbewußt immer an Werten, ob wir sie beim Namen nennen können oder nicht.
Manche Wertvorstellungen sind in unserer Gesellschaft so selbstverständlich, daß wir sie erst mit zeitlichem Abstand oder nach einer Wertverschiebung genauer erkennen. Man sprach z. B. nach dem Kriege von einer Freßwelle, einer Kleidungswelle, einer Wohnungswelle.
Wir brauchen Namen für unsere Werte, um sie mit Inhalt und Ansehen füllen zu können. In den letzten 15 Jahren erleben wir

ein wachsendes Umweltbewußtsein. Dieser wichtige Wert hat einen bekannten Namen bekommen. Andere Wertbegriffe sind außer Gebrauch geraten. So starben früher viele für ihre ‚Mannesehre', was wir heute nur noch schwer nachvollziehen können. Es ist daher sinnvoll, das Sprichwort einmal umzukehren: Über Werte muß man streiten, sonst hat man keine! Unentschiedenheit kleidet sich gern in den Schafspelz der Toleranz!
Weil wir meist wissen, was uns im Augenblick wichtiger ist, halten viele von uns das Nachdenken über ihre Werte und Lebensziele für nutzloses Grübeln und finden auf folgende Fragen nur mühsam Antworten.

Impulse: Könnten Sie Ihre drei wesentlichsten Werte nennen? Was haben Sie im letzten Jahr wichtig genommen? Für welche Werte haben Sie sich eingesetzt, welche eher vernachlässigt? Was verstehen Sie und Ihre Bekannten unter einem wertvollen Tag oder unter sinnvollem Leben?
Manche nennen hier Werte, die sie an Mitmenschen bewundern, ohne sich selbst darum zu bemühen. Andere nennen Wunschziele oder allgemein anerkannte Werte, die vielleicht der Fragesteller hören möchte. Wir tun das sogar ohne Fälschungsabsicht, denn es ist nicht leicht, zwischen allgemein anerkannten Normen und unserem tatsächlichen Verhalten zu unterscheiden (siehe Übung 15).

8. Werte zeigen Erfahrungen in verschiedenem Licht
Im Alltag sammeln wir Erfahrungen über unsere Aufgaben, unsere Mitmenschen und uns selbst. Diese Lebenserfahrungen sind selbstgemachte bewertete Vorstellungen über die Wirklichkeit. Wir sind am Drehbuch beteiligt und wählen die Passagen aus, die wir behalten, hervorheben oder streichen wollen. Wir sind Schaupspieler in unseren Erinnerungen und Erwartungen. Wir beeinflussen als Co-Regisseur die Szenen und als Kameramann die Perspektive, den Bildausschnitt usw. So machen wir uns Vorstellungen über Vergangenes, über Gegenwärtiges und Zukünftiges. Aufgaben erscheinen uns schwer oder

ÜBUNG 15:
Persönliche Werte und Lebensziele benennen (12′)

Klären Sie anhand der Liste Ihre eigenen Wertvorstellungen

a) Kreuzen Sie aus der folgenden Liste von Stiksrud (1981) Ihre fünf wichtigsten Werte an und bringen Sie sie in eine Reihenfolge. Zeigen Sie im Konfliktfall auch wirklich die entsprechenden Verhaltensweisen?
Bei 300 Personen ergab sich folgendes Bild:

Tabelle 4: Persönliche Werte und ihre subjektive Wichtigkeit

1 = am wichtigsten wurde beurteilt		1 = am häufigsten wurde angekreuzt
1.	Gesundheit	10
2.	Liebe	12
3.	Freundschaft	2
4.	Familienleben	8
5.	Beruf	3
6.	Menschlichkeit	5
7.	Ausgeglichenheit	6
8.	Ausbildung	16
9.	Persönlichkeitsentfaltung	1
10.	Unabhängigkeit	9
11.	Frieden	11
12.	Sicherheit	13
13.	Freizeit	4
14.	Kinder	15
15.	Abwechslung	17
16.	Natur	14
17.	Wohlstand	7

b) Morris (1956) hat aus Gottesbildern drei Idealvorstellungen vom sinnvollen, guten Leben abgeleitet:

Dionysos	als Idealbild	Wünsche zu befriedigen
Prometheus	als Idealbild	Aufgaben zu bewältigen
Buddha	als Idealbild	für Besinnung.

Welches der daraus abgeleiteten Lebensziele ist für Sie attraktiv?

- Unabhängigkeit von Personen und Dingen,
- Nächstenliebe und Mitgefühl gegenüber anderen Menschen,
- Hingabe an Sinnenlust,
- Balance von Vergnügen und Kontemplation,
- Stoische Selbstbeherrschung,
- Meditation, Versenkung in das eigene reiche Innenleben,
- Suche nach Abenteuern zur Messung der eigenen Kräfte.

c) Spranger (1962) unterscheidet idealtypisch folgende Lebensformen:
Der religiöse Mensch bemüht sich um Gotteserkenntnis.
Der theoretische Mensch bemüht sich um Verständnis.
Der ästhetische Mensch bemüht sich um das Schöne.
Der soziale Mensch kümmert sich um die Mitmenschen.
Der politische Mensch will gesellschaftlichen Fortschritt.
Der ökonomische Mensch bemüht sich um materiellen Wohlstand.

Welche dieser Lebensformen ist für Sie besonders erstrebenswert? Versuchen Sie Ihr persönliches Lebensziel in Worte zu fassen! Sprechen Sie mit einem Bekannten über Lebensziele!

leicht, Mitmenschen finden wir sympathisch oder nicht, uns selbst halten wir für tüchtig oder hilflos, für liebenswert oder abgelehnt.
Unsere Vorstellungen unterscheiden sich wie ein Film vom tatsächlichen Leben. Sie entscheiden darüber, ob wir neue Informationen glauben oder nicht. Wir sind auf diese Vorerfahrungen angewiesen. Sie verführen uns manchmal aber auch zu unnötigen Sorgen oder falschen Sicherheitsgefühlen.
Dafür ein Beispiel, verkürzt erzählt nach H. Hesse:

Ein chinesischer Bauer besaß als einziger in seinem Dorfe ein Pferd. Die Nachbarn sagten: „Du mußt glücklich sein über dein Pferd." Da lief sein Pferd fort. Er wurde bedauert: „Was für ein Unglück! Wie furchtbar muß dich dein Verlust treffen. Er aber sagte: „Wer weiß, ob es ein Unglück ist?" Zwei Tage später kam es mit einem Wildpferd zurück. „Du bist ein Glückspilz!" sagten die Nachbarn. Er aber sagte: „Wer weiß, ob es ein Glück ist?" Als sein Sohn das Wildpferd zureiten wollte, brach er sich ein Bein. Die Nachbarn klagten: „Gerade zur Erntezeit, oh, du Unglücklicher!", und sie freuten sich über ihre gesunden Söhne. Er aber sagte: „Wer weiß!" Zwei Tage später kamen die Soldaten und nahmen alle gesunden Söhne mit in den Krieg.

Impulse: Welche Situationen, die Ihnen einmal sehr unangenehm waren, möchten Sie heute nicht mehr missen? Welche schönen Erinnerungen bewerten Sie aus heutiger Sicht negativer?

Es gibt für jeden Menschen dunkle Punkte in seiner Vergangenheit, an die er sich nicht gern erinnert. Es kostet Kraft, solche Erinnerungen auszuhalten, aber auch viel Kraft, sie zu verdrängen. Es ist so, als brennt man darauf, mit einer Hand zu schlagen, und braucht in der anderen Hand noch mehr Kraft, um sich zurückzuhalten. Auf diese Weise fesselt man sich selbst!
Wir schämen uns der Ideale von damals, unserer Schwächen oder Schuld. Es fällt uns schwer, das Vergangene anzunehmen. Wir hängen an diesen Erfahrungen, kommen davon nicht los und sind weniger offen für neue Lebensmöglichkeiten.
Dennoch können wir versuchen, altes in neuem Licht zu sehen. Es geht hier darum, die Augen weiter zu öffnen und die gewohnten Bewertungen zu ergänzen! Vielleicht helfen Ihnen die folgenden Abbildungen dabei.

Frankl (1972) hat die Bedeutung einer neuen Perspektive mit folgenden Bildern veranschaulicht.
Die Walze in Abbildung 7 wirft zwei verschiedene Schatten, je nach der Perspektive, aus der wir sie betrachten, und beide sind nur ein falsches Abbild des Originals:

Abbildung 7: Derselbe Körper hat verschiedene Schatten

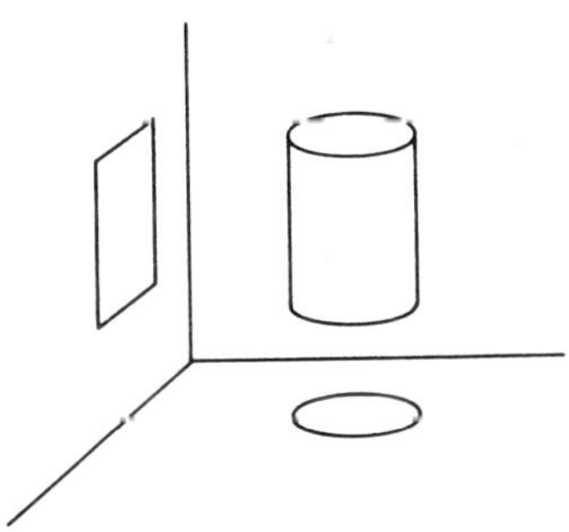

Die verschiedenen Körper in Abbildung 8 werfen von oben betrachtet den gleichen Schatten. Es lohnt sich also, aus verschiedenen Perspektiven neu hinzusehen!

Abbildung 8: Verschiedene Körper haben den gleichen Schatten

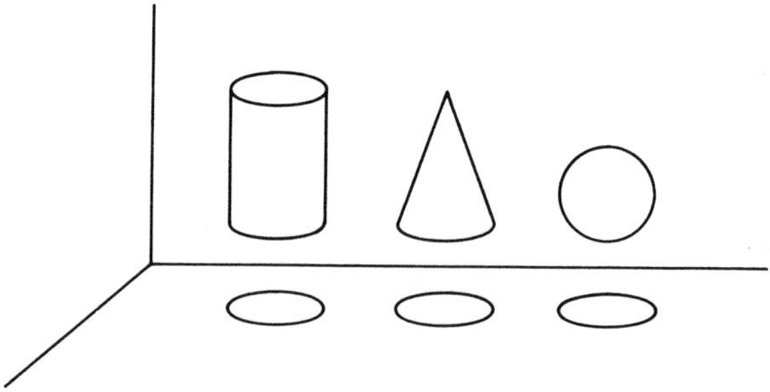

ÜBUNG 16:

Positive und negative Erfahrungen in neuem Licht (10′)

Den Würfel können Sie so betrachten, daß die mittlere Kante nach vorn oder nach hinten weist. „Kippen“ Sie die Figur in Ihrer Vorstellung mehrfach absichtlich, so daß aus dem Vordergrund der Hintergrund wird und umgekehrt.

Abbildung 9: Kippfigur

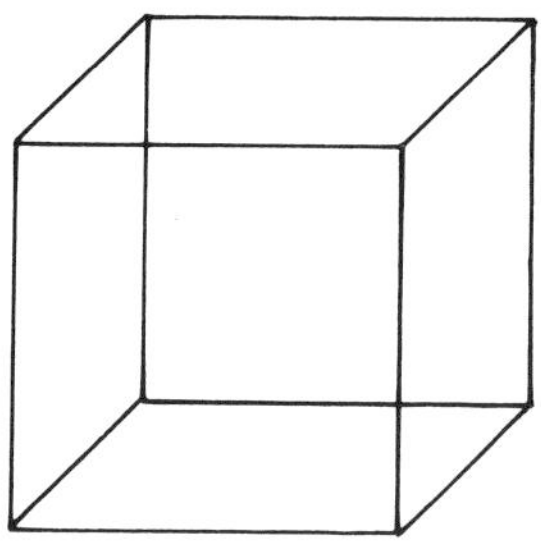

Entdecken Sie auf diese Weise an unangenehmen Erinnerungen und Erwartungen auch positive Seiten und umgekehrt! Wenn wir aus zeitlicher Entfernung etwas neu bewerten, dann üben wir die Haltung des chinesischen Bauern: Wer kann sagen, was langfristig eher gut oder schlecht ist? Diese Erfahrung hilft uns künftig: Nicht erst in hundert Jahren ist alles vorbei!

4. Wie fange ich am besten an?

Was ich mir vornehme, soll gelingen!

Auch eine Tausend-Meilen-Reise beginnt mit einem einzelnen Schritt.

Für manche liegt der entscheidende Entwicklungsimpuls nicht im Finden neuer Ziele oder vernachlässigter Lebensbereiche, sondern darin, das Lernen neu zu lernen. Ungünstige Lerngewohnheiten fallen längst nicht so schnell auf wie Fehler beim Umgang mit Sachaufgaben oder Mitmenschen!
Wem wurde schon beigebracht, wie man am besten Vorsätze verwirklicht? Wer beherrscht die schwierige Doppelrolle, als geduldiger Lehrer den Schüler in uns zu ermutigen oder als lernwilliger Schüler den nicht immer einfallsreichen Lehrer in uns zu ertragen?
Es beginnt damit, daß wir einen Entwicklungsbedarf feststellen. Der Lehrer in uns wird unruhig, weil etwas nicht so ist, wie es sein könnte oder sollte. Der Schüler in uns reagiert ganz verschieden:

- beruhigend: Anderen geht es viel schlechter;
- erklärend: Ich konnte nichts dafür, weil ... ;
- ablenkend: Ich kann doch nicht alles gleichzeitig;
- lamentierend: Warum passiert das immer mir?;
- vertröstend: Ich schaffe das schon demnächst.

Einige machen sich tüchtig die Hölle heiß, um ihren Vorsatz zu erfüllen. Aber mit den ersten Fortschritten sinkt ihre Angst und die Bereitschaft, den nützlichen Weg beizubehalten. Sie wollen sich aber auch keinem anvertrauen, der sie erinnern könnte. Wieder andere bleiben in ihren guten Absichten stekken. Sie nehmen sich keine Zeit, weil sie keine Aufgaben und Interessen zurückstellen wollen. Sie brauchen erst eine Krankheit oder eine zerbrochene Beziehung, um die notwendigen Lehren daraus zu ziehen.

Ihre persönlichen Entwicklungsimpulse sollten möglichst nicht unter Angst und Zeitdruck stehen. Bemühen Sie sich um den zur Zeit erreichbaren Fortschritt und nicht um Maximalziele oder den Standard Ihrer Mitmenschen. Sie können durch geeignete Methoden auf wichtigen Gebieten mehr aus Ihrem Leben machen, Ungewohntes (wieder)entdecken, Fehler annehmen oder überwinden, aus Steinen, die einem in den Weg gelegt werden, etwas Schönes bauen oder wie eine Pflanze um Hindernisse herumwachsen und diese als Halt benutzen. Manchmal brauchen wir dazu fachliche Hilfe. Vieles schaffen wir aber auch selbst durch planvolles Handeln oder durch Improvisieren.

4.1 Lerngewohnheiten überprüfen

Wir haben sehr feste Vorstellungen, wie wir am besten bzw. auf keinen Fall lernen oder Ziele erreichen können. Auch auf diesem Gebiet sind wir Gefangene unserer Denkgewohnheiten. Manche wissen ganz genau, daß sie nur unter Zeitdruck lernen können und warten lange, bevor sie beginnen. Andere glauben, daß sie hartnäckige Gewohnheiten nicht schrittweise, sondern nur radikal verändern können. Wieder andere kommen nie auf die Idee, sich helfen oder beraten zu lassen. Bei Mißerfolgen bestrafen sich die einen, die anderen verharmlosen das, „Kein Mensch ist perfekt“, oder dramatisieren es: „Mir gelingt auch nichts!“
Solche Ansichten haben ihre Folgen. Man richtet sich nach ihnen, wenn man den Entschluß zur Selbstveränderung gefaßt hat. Andererseits fällt einem der Entschluß oder das Durchhalten vielleicht zu schwer wegen der selbstverordneten „Roßkur“.

Impulse: Welche Methoden bevorzugen Sie, um Ziele zu erreichen? Woran scheitern Vorsätze bei Ihnen? Was könnten Sie von Personen lernen, die effektiver mit Vorsätzen umgehen?

4.2 Drei Phasen auf dem Weg zum Ziel

Entwicklungsimpulse und Bergwanderungen haben vieles gemeinsam. Beides sollte man vorbereiten. Man muß seinen augenblicklichen Standort kennen, erreichbare Ziele und geeignete Wege auswählen und die notwendige Zeit, Ausrüstung und Kondition richtig einschätzen. Hier wie dort kann man sich über den Weg genauso freuen wie über die letzten Schritte zum Ziel. Wer seine Vorbereitung vernachlässigt, kommt früher oder später in Schwierigkeiten. Um das zu vermeiden, wollen wir die Vorbereitung und Durchführung von Entwicklungsimpulsen in drei Phasen beschreiben und dazu wichtige Fragen in Form einer Checkliste formulieren. Prüfen Sie die folgenden Vorschläge, damit Ihre Entwicklungsimpulse nicht im Sande verlaufen.

1. Phase: Selbstbesinnung als Standortbestimmung

a) Erkennen: Welchen Lebensbereich möchte ich überprüfen? Wie steht es zur Zeit damit? Es gilt, unsere Ausgangslage, Wünsche und Ziele zu finden, zu benennen und fühlend zu begreifen. Wir sollten uns Zeit nehmen, in Ruhe die Vor- und Nachteile unseres Entwicklungsstandes und möglicher Wünsche zu prüfen, damit wir nicht unüberlegt vom Regen in die Traufe kommen!

b) Verstehen: Wie kam ich in diese Lage? Was habe ich in den letzten Jahren dazu beigetragen? Welche Vor- und Nachteile machen es mir schwer, mich zu verändern? Es gilt, sowohl unsere Mitverantwortung durch eigene Ziele und Ängste als auch den Druck von außen nachzuvollziehen.

c) Annehmen: Welche guten Absichten sind mit dem bisherigen Verhalten verbunden? Wenn wir die guten (wie die schlechten) Seiten unserer Gewohnheiten verstehen und annehmen, begreifen wir jede Veränderung als Gewinn und Verlust. Erst dann können wir entscheiden, ob wir den Spatz in der Hand aufgeben für die Taube auf dem Dach. Realistische Vorstellungen sind das beste Mittel gegen Enttäuschung! Wenn man mit einer neuen Lösung nicht auch die guten Absichten der alten Gewohnheit erreichen kann, wehren wir uns dagegen mit innerem Widerstand!

Ein Beispiel:

Frau Meier **erkennt,** daß sie ihre Kinder immer häufiger anschreit. Sie findet das nicht gut, und es ist ihr vor den Nachbarn peinlich.
Frau Meier **versteht:** Sie fühlt sich von dem Ungehorsam ihrer Kinder angegriffen. Ihr Mann kümmert sich nicht um die Erziehung. Er kritisiert seine Frau, wenn sich die Kinder falsch benehmen. In den letzten Jahren hat sie ihren Mann in seiner Vaterrolle immer weniger angesprochen aus Angst vor Ablehnung.
Frau Meier **nimmt ihr Verhalten an,** als unzulänglichen Kompromiß, mit der guten Absicht, ihre Kinder zu erziehen, ohne die Ehe zu gefährden. Sie wird sich gegen alle Lösungen wehren, die diesen Absichten ihrer Meinung nach nicht gerecht werden.

Impulse: Welche Schritte dieser Phase sind für Sie ungewohnt? Vollziehen Sie gerade diese Schritte für eine unerwünschte Verhaltensweise! An welchem inneren Widerstand scheiterte Ihr Vorsatz bisher?

2. Phase: Planung
a) Alternativen suchen: Was könnte ich erproben? Was tun andere in dieser Lage? Sammeln Sie möglichst viele Alternativen, ohne sie zu bewerten, um die Diktatur des Selbstverständlichen zu überwinden! Die beste Lösung findet man durch den Vergleich aller denkbaren Möglichkeiten.
b) Alternativen beurteilen: Welche der neuen Lösungen ist die beste? Ist sie vorteilhafter als Ihr bisheriges Verhalten?
c) Entscheiden: Was werde ich tun? Wie werde ich mich fühlen, wenn ich die neue Lösung wähle? Eine anschauliche Vorstellung macht Ihnen klar, ob Sie diesen Vorsatz verwirklichen, einfach improvisieren oder beim alten bleiben wollen. Alle Lösungen, die in die engere Wahl kommen, sollten Sie diesem **Phantasietest** unterziehen und wie ein Regisseur Ihre Vorstellungen so lange verändern, bis Sie mit einer Version zufrieden sind.

Impulse: Welche Schritte der Planung sind für Sie ungewohnt? Sammeln Sie zu einer unerwünschten Gewohnheit neue Lösungen und unterziehen Sie sie einem Phantasietest.

3. Phase: Handeln und Erfahren

a) Die Handlungsbereitschaft verstärken: Warum ist es wichtig, die neue Lösung zu probieren? Warum wäre es sehr schade, wenn Sie bei Ihrer alten Gewohnheit bleiben? Welche Situation in naher Zukunft eignet sich besonders dafür, Ihren Vorsatz zu erproben? Mit welchen heimlichen Bedenken und Entschuldigungen könnten Sie Ihre gute Absicht im entscheidenden Moment doch nicht verwirklichen? Es gilt, die gute Absicht bis zur Tat wachzuhalten!

b) Die Durchführung kontrollieren: Hier geht es darum, den Vorsatz korrekt und sinnvoll in die Tat umzusetzen. Wenn wir noch unsicher sind, wählen wir manchmal ungeeignete Situationen oder führen ihn nur halbherzig durch und greifen zu schnell wieder zu den alten Gewohnheiten. Wir sollten unseren Vorsatz mehrfach in verschiedenen Situationen erproben.

c) Die Erfahrungen auswerten: Nach einigen Versuchen können wir Bilanz ziehen und die Vor- und Nachteile der alten und neuen Lösung überprüfen. In beiden Fällen sollten wir auch an die unbeabsichtigten Nebenwirkungen denken.

Impulse: Welche Schritte der dritten Phase sind für Sie ungewohnt? Verfolgen Sie einen Vorsatz nach diesen Schritten!

ÜBUNG 17:
Stärken und Schwächen der Selbstentwicklung (10′)

Wo haben Sie einen besonderen Entwicklungsbedarf? Blockieren Sie Vorsätze durch mangelnde Selbstbestimmung, diffuse Absichten anstelle verbindlicher Vorsätze oder durch die unkontrollierte Durchführung und oberflächliche Auswertung?

Phasen und Schritte	Kann ich gut:	Sollte ich üben:
1. Selbstbesinnung:		
Erkennen		
Verstehen		
Annehmen		

Phasen und Schritte	Kann ich gut:	Sollte ich üben:
2. Planung:		
Alternativen suchen		
Alternativen beurteilen		
Entscheiden		
3. Handeln und Erfahren:		
Handlungsbereitschaft verstärken		
Durchführung kontrollieren		
Erfahrungen auswerten		

4.3 Widerstand gegen Veränderung ernst nehmen

Der Spatz in der Hand ist uns lieber als die Taube auf dem Dach! Bei jeder Veränderung müssen wir Sicherheit aufgeben und Unsicherheit zulassen. Wir reagieren darauf mit einem natürlichen oft sinnvollen Widerstand.

Er kann in allen drei Phasen sehr verschieden auftreten: Man klammert bestimmte Themen bei der Selbstbesinnung aus, man findet keine besseren Lösungen bei der Planung, es kommen Bedenken bei der Durchführung oder man hat den Vorsatz im entscheidenden Moment einfach ‚vergessen'.

Unser Widerstand kann sich an verschiedenen Punkten entzünden.

a) Widerstand gegen die Ziele:

Manche Vorsätze befürworten wir zwar mit dem Kopf, aber nicht mit dem Herzen. Ein Student versucht z. B. vergeblich, sein Arbeitsverhalten zu verbessern. Im Zuge seiner Selbstbesinnung wird ihm klar, daß er dieses Studium eigentlich nicht beenden will. Er hat Angst vor den Prüfungen, der anschließenden Arbeitslosigkeit, oder will nicht in dem entsprechenden Beruf arbeiten. Erst wenn er seinen Widerstand gründlich verstanden hat, kann er ihn in der einen oder anderen Richtung überwinden. Intensive Selbstbeschimpfung oder ausgeklügelte Verstärkungspläne helfen hier nicht weiter!

b) Widerstand gegen Methoden:
Manchmal wehren wir uns nur gegen die Veränderungsmethode. Vielleicht möchten Sie schlanker werden, finden aber die spezielle Diät unerträglich, oder es stört Sie, Ihre Erfolge und Mißerfolge mit anderen besprechen zu müssen.

c) Widerstand gegen das Selbst- oder Menschenbild:
Manchmal sträuben wir uns gegen Ziele und Veränderungen, weil sie mit unserem Selbst- und Menschenbild unvereinbar sind. Eine Mutter fordert z. B. nur halbherzig bessere Schulnoten, weil sie den Leistungsdruck für ihr Kind als unmenschlich empfindet. Manche Veränderungen halten wir für notwendig und empfinden sie trotzdem als Selbstaufgabe.

d) Widerstand durch Beziehungen zu Mitmenschen:
Manche Vorsätze werden blockiert durch unsere Beziehung zu Mitmenschen. So verlieren Schüler die Lust, für ein Fach zu arbeiten, weil ihnen der Lehrer unsympathisch ist. Umgekehrt erreichen manche ein wichtiges Therapieziel nicht, weil sie nicht auf den sympathischen Therapeuten verzichten möchten! Manchmal wehren wir uns sogar gegen unseren inneren Lehrer und erteilen diesem Antreiber eine Lehre.

Impulse: Untersuchen Sie einen mißlungenen Vorsatz. Spielten dabei innere Widerstände eine Rolle? Wie zeigten sie sich? Haben Sie Ziele von anderen übernommen, die Ihren inneren Wünschen widersprachen? Störte es Sie, den Vorsatz auf eine bestimmte Art und Weise zu erfüllen? Empfanden Sie ihn als zu schwer oder als ‚kindisch'? Hatten Sie eine besondere Beziehung zu Personen, die Ihr Vorhaben befürworten oder ablehnen?

4.4 Einen starken Willen bekommen

Nimm dir nichts vor, dann schlägt dir nichts fehl! Diese Regel bewahrt vor Enttäuschungen, verhindert aber auch die Freude über erreichte Ziele. Auch wer keinen starken Willen hat, kann lernen, Vorsätze durchzuführen.

Wer eine alte Gewohnheit überwinden will, muß zuerst seine Gedanken dabei verändern.
Ein Beispiel:

Situation: Der Schüler Fritz ruft durch die Klasse.
Lehrer X denkt bei sich:
Eindruck: Fritz provoziert mal wieder, den juckt das Fell, der will sehen, wie weit er gehen kann ...!
Verhalten: Er beginnt zu schimpfen, gibt eine Strafarbeit auf oder reagiert ironisch.
Lehrer X könnte über die Situation auch ganz anders denken:
Eindruck: Fritz braucht Hilfe, er ist überfordert ...
Verhalten: Dann wird er vielleicht hingehen, helfen, nachträglich mit ihm reden oder ihn bitten, sich leise zu melden ...

Wie kann der Lehrer freundlich bleiben, wenn er davon überzeugt ist, daß Fritz ihn provozieren will? Seine alten Gedanken verführen ihn zu dem bisherigen Verhalten. Vorsätze werden wir also nur in die Tat umsetzen, wenn es uns gelingt, die Problemsituation neu zu sehen!

ÜBUNG 18:
Vorsätze mit neuen Gedanken unterstützen (5′)

Die Gewohnheit: Sie fahren aus der Haut, wenn Ihr Kind schlecht schreibt.
Ihr Vorsatz:
a) Nahziel: Sie möchten ganz ruhig sagen: „Leider mußt Du das neu schreiben, weil ich es nicht lesen kann!"
b) Fernziel: Gelassenheit gewinnen, sich nicht provozieren lassen, Ärger bewältigen lernen. Die Beziehung zum Kind soll nicht durch Schreien zusätzlich belastet werden.
Anwendungssituation: Hausaufgabenkontrolle
Welche Gedanken verführen Sie zum unerwünschten Verhalten
Er will bloß nicht! Wer sich so gehen läßt, aus dem wird nie etwas! Ich muß mich auch zusammenreißen!
Welche Gedanken unterstützen Ihren guten Vorsatz?
Benutze deinen Kopf, nicht nur deinen Kehlkopf! Er will mich jetzt zum Schimpfen verführen oder ist vielleicht nur müde ...
Notieren Sie für einen eigenen Vorsatz gefährliche und hilfreiche Gedanken sowie positive Nah- und Fernziele!

ÜBUNG 19:
Verhaltensweisen neu bewerten (5′)

Unsere alten Gewohnheiten haben auch ihren guten Sinn. Vorsätze erfüllen wir erst, wenn wir die alten Gewohnheiten etwas abwerten und die neuen Verhaltensweisen aufwerten.

Die alte Gewohnheit:	Sie nehmen sich täglich zuviel vor, ohne es zu erledigen.
bisher zu positiv bezeichnet:	gute Ideen haben, offen und flexibel bleiben;
jetzt abwerten:	den Mund zu voll genommen, sich selbst etwas vorgemacht, sich dem Augenblick ausgeliefert;
Ihr neuer Vorsatz:	Weniger vornehmen und verbindlich ausführen;
bisher zu negativ bezeichnet:	sich selbst fesseln, verplanen, nicht spontan sein;
jetzt aufwerten:	mir selbst den Kurs geben, den Willen stärken, sich nichts mehr vormachen.

Bewerten Sie nach diesem Schema für eine eigene Gewohnheit Ihr bisheriges und künftiges Verhalten so, daß Sie Ihren Vorsatz leichter erfüllen können!

ÜBUNG 20:
Absichten und Befürchtungen neu bewerten: (5′)

Unsere Gewohnheiten rechtfertigen wir mit guten Absichten und Befürchtungen. Erst wenn wir diese neu bewerten, werden wir unsere Vorsätze verwirklichen!

Die Gewohnheit:	Sie unterbrechen Ihre Tätigkeiten sofort, wenn andere etwas von Ihnen wollen.
Gute Absichten:	Sie möchten freundlich und hilfsbereit sein und sich selbst nicht so wichtig nehmen.
Befürchtungen:	Sie wollen nicht stur und egoistisch sein und dem anderen nicht weh tun.
Die Kehrseite:	Vielleicht verstärken Sie seine Hilflosigkeit, machen sich unentbehrlich und baden in Hilfsbereitschaft, wo es Ihnen an Mut fehlt, die eigene Tätigkeit zu beenden.
Neue Absicht:	Ich möchte meine Tätigkeit erst beenden und nicht den Eindruck erwecken, ich hätte nichts Wichtiges zu tun.

ÜBUNG 21:
Unerfüllbare Vorsätze und Forderungen vermeiden

Manchmal fassen wir Vorsätze, um innerlich Ruhe zu haben. Zum Jahreswechsel erfreuen wir uns an Vorsätzen, die bald wieder vergessen sind. Manche Vorsätze oder Forderungen sind schon wegen ihrer Formulierung unerfüllbar.

Vorsatz: Ich will geduldiger sein.
Fehler: Nicht Charakterzüge, sondern Verhalten vornehmen!
Besser: Ich will ruhig aus dem Raum gehen, statt zu schimpfen.

Vorsatz: Ich will eine 2 in Mathe schreiben.
Fehler: Nicht Erfolg, sondern Verhaltensweisen vornehmen!
Besser: Ich will täglich eine Stunde üben.

Vorsatz: Ich will mich nicht mehr ärgern.
Fehler: Nicht Gefühle verbieten, sondern Verhalten planen!
Besser: Bei Ärger will ich durchatmen und aus dem Raum gehen.

Vorsatz: Ab jetzt will ich mehr arbeiten für die Schule.
Fehler: Vorsätze ohne Inhalt, Ort und Zeit kann man nie verletzen!
Besser: Ich werde heute von 15.00–16.00 Uhr die ersten drei Aufgaben von Seite 27 bearbeiten.

Vorsatz: Das Gammeln hört auf, ab heute arbeite ich 10 Stunden!
Fehler: Zuviel vorgenommen und den Mißerfolg vorprogrammiert!
Besser: Heute 10 Minuten länger arbeiten als gestern!

Vorsatz: Heute lese ich endlich das Kapitel.
Fehler: Vorsätze brauchen einen zeitlichen Anfang und die Festlegung, was dafür eingeschränkt wird!
Besser: Um 20.00 Uhr werde ich lesen und nicht die Tagesschau sehen.

Vorsatz Ich werde nicht mehr schreien.
Fehler: Man kann nicht Altes vermeiden, man muß auch Neues tun!
Besser: Wenn ich schreien möchte, atme ich durch und denke ...

ÜBUNG 22:
Entschuldigungen entkräften (10′)

Neue Verhaltensweisen machen uns etwas unsicher. In der entscheidenden Situation fällt uns deshalb leicht ein, warum wir unser Vorhaben heute oder gerade jetzt besser noch nicht durchführen sollten.
Solche Selbstentmutigungen im kritischen Augenblick können wir uns auch schon vorher klarmachen und durch ein inneres Streitgespräch entkräften.

Vorsatz: Sie wollen dem Nachbarn endlich sagen, daß er keinen Abfall in Ihre Mülltonne werfen soll. Wie würden Sie sich vor der geeigneten Situation entschuldigen, um Ihren Vorsatz nicht durchführen zu brauchen? Wie würden Sie sich nach der verpaßten Gelegenheit trösten? Im Phantasietest fallen Ihnen folgende für Sie naheliegende Entmutigungsgedanken ein:

Entmutigung: Ich will ihm nicht weh tun. Es war sicher nur eine Ausnahme, er hat sich nur vertan. Gute Nachbarschaft ist wichtiger. Wenn er es nochmal macht, kann ich es ihm immer noch sagen.

Welche Ermutigungsgedanken überwinden solche Entschuldigungen?

Ermutigung: Das ist zwar etwas unangenehm aber wichtig. Wenn er sich vertan hat, kann er das ja sagen.

Führen Sie ein Selbstgespräch zwischen den ‚beiden Seelen in Ihrer Brust‘, sodaß Ihr neuer Vorsatz wirklich die Oberhand behält. Im Ernstfall müssen Sie alle Bedenken und Entschuldigungen entkräften können.

ÜBUNG 23:
Mit Phantasie Vorsätze verbessern (10′)

Nur wir Menschen haben die Gabe, uns zukünftige Ereignisse auszumalen. Der Sportler konzentriert sich auf die erforderlichen Bewegungsabläufe vor dem Start, um sie besonders genau auszuführen. Wir können unsere Phantasie in verschiedenen Formen nutzen:

a) Stellen Sie sich möglichst anschaulich vor, wie Sie in drei verschiedenen Situationen Ihren Vorsatz verwirklichen. Sie können dabei wie ein Regisseur einmal auf die Gefühle, dann auf die Stimme oder andere Verhaltensausschnitte bei sich und Ihren Mitmenschen achten.

b) Passen Sie Ihren Vorsatz den Situationen möglichst gut an.
c) Ändern Sie Ihr Verhalten in Gedanken solange, bis Sie mit dem Ablauf zufrieden sind.
d) Stellen Sie sich realistisch die positiven und negativen Folgen vor.
e) Vergleichen Sie damit Ihre alte Gewohnheit und machen Sie sich die Unterschiede so deutlich, daß es sehr schade für Sie ist, den neuen Vorsatz nicht zu erproben! Aber seien Sie auch gütig und geduldig mit sich selbst! Geben Sie sich eine Erlaubnis: Ich darf auch mal umfallen, Hauptsache, ich stehe danach wieder auf!

4.5 Entwicklungsimpulse können Spaß machen!

Entwicklungsimpulse sind nicht unbedingt feste Vorsätze. Sie können auch etwas ausprobieren, als kreatives Spiel mit den eigenen Möglichkeiten nach dem Motto: Was wäre, wenn ich ...? Ein solches Verfahren hat Kelly (1954) vorgeschlagen.

Es geht ihm darum, daß wir uns zunächst als veränderbar erleben sollten, bevor wir schwierige Selbstveränderungen vornehmen.

Die Spielregeln lauten so:
1. Wählen Sie für sich einen **attraktiven Namen,** z. B. „Gregor“.
2. Überlegen Sie, welche **guten Eigenschaften** Ihr zweites Ich „Gregor“ haben soll. Es soll kein Superman sein, aber ein ansprechendes Vorbild mit kleinen Schwächen, z. B. Er ist freundlich – weiß aber auch was er selbst will. Er hört gut zu – aber redet anderen nicht nach dem Mund. Er gönnt sich etwas – ist aber nicht verschwenderisch. Er ist sportlich – aber kein Leistungsfanatiker ...
3. Beschreiben Sie **einzelne Verhaltensweisen,** damit Sie wie Ihr zweites Ich leben können, z. B. welche Vorlieben, Gewohnheiten und kleine Schwächen hat Gregor?

Was tut er morgens, mittags, abends?
Was trinkt und ißt er gern bzw. nicht gern?
Wie geht er mit Fernsehen, Büchern, Kino oder Theater um?
Welche Kleidung und Farben bevorzugt er?
Wie geht er, spricht er, blickt er andere an?
Was mag er nicht und wie begründet er das?

4. Wählen Sie **einen Erinnerungsgegenstand,** der Sie daran erinnert, daß Sie auch wie Gregor sein können, z. B. einen Ring, einen bestimmten Füller, wechseln Sie die Farbe Ihrer Tinte, räumen Sie Ihr Zimmer oder Ihren Schreibtisch in einem Punkte anders ein u. ä.
5. Versuchen Sie nun **stundenweise** in die Rolle von Gregor zu schlüpfen. Übernehmen Sie seine Aufstehgewohnheiten, benutzen Sie seine Seife, seine Stimmelodie, seine Bewegungen. Sie sollen sich wohlfühlen bei dem Gedanken, daß Sie wählen können, wie Sie sein möchten. Wichtig ist dabei, daß Sie sich noch keine schweren Veränderungen vornehmen.
6. Wenn Sie sich in Ihrer Wahlrolle wohlfühlen, könnten Sie mit Gregor besprechen, was er von einem Ihrer Vorsätze hält. Stellen Sie sich vor, daß Gregor darin eine für Sie erstrebenswerte Haltung einnimmt. Diskutieren Sie mit ihm, wie er es schafft, sich so zu verhalten, und was er von Ihren Bedenken und Schwierigkeiten in dieser Sache hält. Lassen Sie sich von ihm zeigen, wie er sich in solchen Situationen verhält, was er denkt, empfindet, tut und wie er innere Widerstände gegen dieses Verhalten überwindet. Verwirklichen Sie zuerst in der Rolle von Gregor Ihren Vorsatz. Anschließend lassen Sie sich von ihm ermutigen, wenn Sie persönlich die kritische Situation bewältigen!

5. Was kann ich heute tun?

Entwicklungsübungen auswählen

Seit ich hin und wieder versuche,
Unmögliches möglich zu machen,
mögen mich manche mehr. Ich mich auch!
Grit Wirtz

5.1 Hinweise bevor es richtig los geht

1. Entwicklungsimpulse unternehmen Sie selbstverantwortlich, d. h. Sie können sich selbst motivieren und kontrollieren. Sie bestimmen Ihre Ziele, Inhalte, den günstigsten Zeitpunkt und den möglichen Aufwand. Was möchten Sie als eigener Lehrer oder Schüler bewußter tun und lassen?
2. Durch Entwicklungsimpulse versuchen Sie, in begrenzter Zeit mehr aus Ihrem Leben zu machen. Die Ziele sollten mit Ihren Kraftreserven neben den täglichen Aufgaben erreichbar sein. Es geht nicht um die Bewältigung akuter Krisen, höchstens um deren vorbeugende Vermeidung dadurch, daß Sie bewußter umgehen mit Ihrer Zeit, mit positiven und negativen Gefühlen oder Ihren Mitmenschen. Sie sollten sich an kleinen Fortschritten im Alltag freuen lernen!
3. Entwicklungsimpulse sollten nicht dem Zwang zum Dringlichen unterliegen (Ich muß jetzt unbedingt, sonst ...), sondern unsere tieferen Anliegen verwirklichen (Es ist gut und wichtig, wenn ich ...). Mindestens zu Beginn sollten Sie nicht hartnäkkige Laster bekämpfen. Unsere größte Chance liegt darin, erreichbare und doch möglichst wichtige Ziele zu verfolgen und uns nicht durch unwichtige oder unerreichbare Ziele zu entmutigen.
4. Gemeinsam geht es besser!

Wir erleben hin und wieder, daß ein Vorsatz scheitert, weil wir etwas betriebsblind sind und manche Fehler von gestern wiederholen. Auch große Könner im Sport, erfolgreiche Manager und Politiker arbeiten mit einem Trainer bzw. Berater zusam-

men. Vier Augen sehen mehr als zwei. Gemeinsam können wir uns besser motivieren, finden mehr Lösungsvorschläge, beurteilen Erfolge und Mißerfolge differenzierter und entdecken leichter, worauf wir bisher zuviel oder zuwenig geachtet haben. Führen und Verführen liegen allerdings dicht beieinander. Auch partnergestützte Selbstentwicklung kann mißlingen. Im Gespräch können wir unsere Selbstverantwortung verlieren, aufgeben oder sie wird uns durch einen besonders „hilfsbereiten" und engagierten Partner genommen.
Wir sollen uns an die Mahnung von Cohn (1975) erinnern: Wer einem Partner weniger gibt als er geben kann, ist ein Dieb! Er stiehlt seinem Gesprächspartner Entwicklungsimpulse. Wer mehr gibt als der andere braucht bzw. verarbeiten kann, ist ein Mörder. Er zerstört die Selbstheilungskräfte seines Partners!
Überlegen Sie daher hin und wieder gemeinsam, was Sie verbessern können, damit keiner sich unter- oder überfordert fühlt. Dazu eignen sich folgende Fragen:

Wie fühlten Sie sich als Berater und Ratsuchender?
ermutigt .... entmutigt
verstanden .... unverstanden
unterfordert .... überfordert
Ich werde zu viel .... zu wenig kontrolliert
Ich habe mehr gegeben ...... mehr bekommen
Vergleichen Sie Ihre Einschätzungen und suchen Sie gegebenenfalls Verbesserungsvorschläge!

Wählen Sie nun Ihr Gebiet für Entwicklungsimpulse:
5.2 Impulse zum Umgang mit Zeit
5.3 Impulse zum Umgang mit Freude und Dankbarkeit
5.4 Impulse zum Umgang mit Selbstbesinnung
5.5 Impulse zum Umgang mit Aufregung und Streß
5.6 Impulse zum Umgang mit Angst
5.7 Impulse zum Umgang mit Ärger
5.8 Impulse zum Umgang mit Schuld
5.9 Impulse zum Umgang mit Mitmenschen

Die Übungen sind unterschiedlich aufwendig. Bei einigen brauchen Sie nur einen kurzen Text zu lesen und mit Vertrauten darüber nachzudenken. Andere setzen voraus, daß Sie sich selbst beobachten, neue Verhaltensweisen erproben und deren Erfolg kontrollieren. Wie so oft steigt mit dem größeren Aufwand auch der mögliche Nutzen für Sie.
Mit welchem Thema oder welcher Übung wollen Sie beginnen? Wieviel Zeit können Sie pro Tag dafür verwenden, worauf können Sie deshalb verzichten?
Am schwierigsten ist es, mit dem Neuen zu beginnen, d. h. eine vertraute Beschäftigung zu beenden, die ungewohnte Tätigkeit aufzunehmen und auf das verzichten zu lernen, was Sie sonst zu dieser Zeit taten.
Wer z. B. morgens Entspannungsübungen machen möchte, muß sein Frühstück früher beenden, mit der ungewohnten Tätigkeit beginnen und die gewohnte Zeitungslektüre einschränken. Um das neue Verhalten zu festigen, sollten wir möglichst häufig den Übergang vom Vertrauten zum Neuen üben.

5.2 Impulse zum Umgang mit Zeit

Besser, man gibt seinen Stunden mehr Leben,
als seinem Leben mehr Stunden.
Curd Jürgens

Die Zeit ist ein unbestechliches Maß dafür, welche Lebensaufgaben, Fähigkeiten und Werte wir ernstnehmen oder vernachlässigen oder wielange wir uns gut, schlecht oder durchschnittlich fühlen.
Sie zwingt uns, Prioritäten zu setzen. Wir müssen wichtige Dinge unterlassen oder aufschieben, um noch wichtigere zu erledigen. Kurzfristige Prioritäten können sich dabei als langfristig unvernünftig erweisen. Wir müssen also unsere Prioritäten zeitlich hin und wieder überprüfen.
Die Zeit kann uns lehren, realistische Vorsätze für einen halben Tag, für eine Woche, einen Monat, ein Jahr zu fassen und Über- oder Unterforderung zu vermeiden.
Falls Sie zu Streß, Hetze oder Leerlauf neigen, können Sie die folgenden Anregungen durcharbeiten.

1. Zeit gewinnen durch weniger Zeitverschwendung

Solange wir nichts Wichtiges vorhaben, können wir unsere Zeit weder gezielt nutzen und uns darüber freuen, noch vergeuden und uns darüber ärgern.

Es kommt nicht darauf an, viel zu erledigen, sondern das Wichtigste zuerst! Dazu einige Empfehlungen:

a) Notieren Sie Ihre Wünsche zum Umgang mit Zeit!

Ich möchte mehr Zeit verwenden für
- Kontakte mit Kollegen
- Lesen
- Gartenarbeit
- meinen Partner

Ich möchte weniger Zeit verschwenden für
- zuviel Fernsehen
- zuviel Aufräumen
- zuviel Gespräche
- zuviel Telefonieren ...

b) Keine Routinetätigkeiten während der Leistungsspitze:

Im Tagesablauf sind wir je nach Müdigkeit oder Stimmung unterschiedlich leistungsfähig. Für manche Routinetätigkeit, wie Einkaufen, Aufräumen oder Post durchsehen, brauchen wir nicht in Hochform zu sein. Erstellen Sie Ihre Liste solcher Tätigkeiten, die Sie künftig zu geeigneter Zeit nacheinander erledigen.

c) Vermeidungs- und Fluchtgewohnheiten überwinden

Wir haben meist überzeugende Entschuldigungen, um unangenehme Tätigkeiten aufzuschieben oder zu unterbrechen: ‚Es lohnt sich nicht mehr, damit anzufangen; Ich müßte jetzt eigentlich ... tun, aber vorher muß ich noch einen Kaffee kochen, zur Toilette gehen; Ich will nur mal eben zwischendurch einen Anruf erledigen, etwas aufräumen ...‘

Impulse: Notieren Sie Tätigkeiten, mit denen Sie unangenehme Tätigkeiten aufschieben oder unterbrechen. Erledigen Sie diese künftig in einer vorher festgelegten Zeit, z. B. Post sichten und Routinetelefonate führen nur zwischen

11.00–11.30 Uhr. Entkräften Sie Ihre gewohnten Entschuldigungen durch eine überzeugende Ermutigung, statt: Es lohnt sich jetzt doch nicht mehr ..., vielleicht: Mal sehen, wie weit ich noch komme!

2. Einstellungen zum Umgang mit Zeit überprüfen

Unser Umgang mit Zeit ist nicht nur durch Verhaltensgewohnheiten festgelegt, sondern auch durch Einstellungen. Schraeder-Naef (1984) hat solche Denkgewohnheiten zusammengetragen. Teilen Sie diese Einstellungen? Kennen Sie deren Vor- und Nachteile? Können Sie sie überzeugend entkräften?

Verbringe jede Minute nützlich, vergeude keine Zeit!
Manche schätzen das Gefühl der Überlastung als Zeichen persönlicher Wichtigkeit. Sie brauchen einen Berg an Aufgaben, um sich nützlich zu fühlen. Wie stehen Sie dazu?

Nur keine Leerzeiten!
Je mehr Aufgaben wir täglich zu bewältigen haben, umsomehr Übergänge und Zwischenzeiten gibt es. Manche Leerzeiten kann man vermeiden. Andere sollten wir als willkommene Pause genießen und nicht als Leerlauf abwerten. Wie steht es mit Ihrer Kunst, Pausen gut zu nutzen?

Hauptsache, ich habe was zu tun!
Manchen fällt es schwer, Wünsche abzulehnen. Sie übernehmen Aufgaben aus Mangel an persönlichen Anliegen oder um nichts zu versäumen. Solche Helfer werden bald hilfebedürftig! Die Angst, nein zu sagen, ist keine Tugend! Wie stehen Sie dazu?

Lieber nicht verplant, sondern spontan und frei!
Viele malen sich einen bösen Gegensatz aus: Hier der total verplante, gehetzte und freudlose Mensch, dort der glückliche, der spontan reagiert. In Wirklichkeit stimmen beide Bilder nicht. Man kann vielmehr sagen: Entweder planst du bewußt deine Zeit oder deine Gewohnheiten planen für dich, ohne daß du es merkst! ... Wie stehen Sie dazu?

3. Strategien und Beispiele für erfolgreiche Zeitplanung

Folgende Strategien werden in Arbeitsbüchern zum Umgang mit Zeit (Schraeder-Naef 1984, Schaefer 1985) aber auch in Fernkursen, wie z. B. der Hirt-Methode (Hirt 1980), empfohlen. Welche davon möchten Sie ausprobieren?

a) Teilen Sie komplexe Aufgaben in Beschäftigungen von etwa 30 Minuten auf, um Fortschritte zu genießen!

Tapezieren besteht u. a. aus folgenden Teilbeschäftigungen: Helfer finden, Preisvergleiche, Material besorgen, Terminabsprachen ...

b) Langfristige Vorhaben sollten Sie für eine bestimmte Zeit als Schwerpunktaufgabe auffassen.

Aufgaben von unbestimmter Dauer, wie z. B. Hausputz, Ordnung machen ..., kann man für eine Woche oder länger zu Schwerpunktaufgaben erklären. Dazu erstellt man eine Liste von Teiltätigkeiten, ordnet diese nach ihrer Dringlichkeit in A = ganz dringlich B = wichtig C = wäre auch nützlich.

Beispiel: Ordnung schaffen als Schwerpunktaufgabe

Teilaufgaben:	Dringlichkeit:
Ordnung auf dem Schreibtisch	A
Ordnung im Bücherschrank	B
Ordnung bei den Dias,	C
Ordnung bei den Briefen	B

In solchen Aufgaben kann man sich verlieren. Legen Sie deshalb den Zeitaufwand dafür pro Woche oder Tag fest: Ich werde in dieser Woche täglich 30 Minuten Ordnung schaffen, und zwar nach der Mittagspause jeweils eine Schublade aufräumen. Danach werde ich täglich fünf Minuten verwenden, um Ordnung zu halten.

c) Regelmäßige Aufgaben in einer Liste zusammenstellen.

Eine solche Liste, z. B. Hausaufgaben nachsehen, Einkaufen, Rechnungen begleichen ..., hat nicht nur Erinnerungswert. Sie macht uns auch klar, wieviel Zeit wir für Pflichtaufgaben benötigen, die wir nicht mehr für neue Vorhaben verwenden können.

d) Aufgaben in Routineblöcken günstig zusammenfassen.
Wir können Verhaltensweisen so miteinander verbinden, daß wir für einzelne Teiltätigkeiten keine neue Entschlußkraft mehr brauchen, z.B. **Routineblock am Morgen:** Aufstehen, Kinder wecken, Kaffee bereiten, Duschen, Frühstücken ... Ebenso kann man ein **Mittag-** oder **Abendritual** festlegen, bei dem zwischen stabilen Gewohnheiten neue Verhaltensweisen verankert werden, z.B. nach der Arbeit 30 Minuten ausruhen und Zeitung lesen, dann Schulaufgaben nachsehen, 19.00 Uhr Abendessen, 19.30 Uhr den Tag bedenken und mit dem Partner besprechen, 20.00 Uhr Tagesschau sehen. So kann man oft verschobene Tätigkeiten vor eine liebgewordene Gewohnheit legen: Ich werde vor der Tagesschau das unangenehme Telefongespräch führen oder auf die Nachrichten verzichten!

e) Reservezeiten und Reserveaufgaben bereithalten.
Erfolgreiches Planen macht Spaß. Aber manchmal haben wir uns auch verrechnet. Wenn eine Aufgabe unerwartet länger dauert, sollten wir genügend Zeitreserven haben. Wenn man schneller fertig wird, ist es gut, Erholungsmaßnahmen und Reserveaufgaben im Kopf zu haben, auf die wir dann zurückgreifen können!

f) Von Zeit zu Zeit eine Störungsanalyse durchführen.
Erfolgreiche Zeitplanung ist ohne eine regelmäßige Störungsanalyse nicht zu erreichen. Man kann z. B. eine Liste häufiger Ablenkungen aufstellen und über eine Woche erfassen, welche davon besonders häufig auftreten, z.B.
In dieser Woche wurde ich gestört und abgelenkt:

- durch Gesprächspartner oder Kollegen,
- durch Telefonate,
- durch Lärm, Gerüche, Hitze, Kälte, Müdigkeit
- durch Flucht in Scheinarbeit,
- durch Arbeitsunlust,

- durch Stressreaktionen,
- durch Verspätung und Hetze,
- durch Sorgen, Grübeln,
- durch Stimmungen, bzw. Angst, Wut, Ärger ...
- durch Unordnung usw ...

Wer hin und wieder Alltagsstörungen überprüft, kann sicher einige davon einschränken!

Impulse: Zerlegen Sie einen komplexen Vorsatz in überschaubare Teilaufgaben! Strukturieren Sie eine Schwerpunktaufgabe für die kommende Woche. Notieren Sie Ihre Daueraufgaben in einer Liste. Stellen Sie einen geeigneten Routineblock zusammen, und verankern darin eine ungewohnte Tätigkeit. Notieren Sie alltägliche Erholungsmöglichkeiten und Reserveaufgaben. Erfassen Sie eine Woche lang Ihre Störungen und probieren Sie geeignete Gegenmaßnahmen!

4. Vorschläge zum Umgang mit Zeit erproben

Lesen Sie die Vorschläge von Schaefer (1985) einmal ganz durch. Welchen Tip wollen Sie in dieser Woche konsequent erproben? Überlegen Sie geeignete Anwendungsmöglichkeiten!

1. Tätigkeiten für den nächsten Tag am Abend vorher planen! Nicht in einer starren Reihenfolge, sondern nach Wichtigkeit in drei Gruppen ordnen und die jeweils wichtigsten zuerst erledigen!
2. Auswählen ist wichtiger als blindfleißiges Erledigen!
3. Entschlossenes Unterlassen ist ein Zeichen von Tüchtigkeit und erspart die meiste Zeit.
4. Unangenehmes zuerst erledigen.
5. Nichts selbst tun, was man gut delegieren kann.
6. Die Zeit (auch Pausen) eindeutig nutzen für Arbeit, Erholung oder Besinnung.
7. Die Tyrannei des Dringlichen überwinden, Zeit gewinnen für Wichtiges!
8. Zeitgewinn ist oft wichtiger als Geldgewinn.
9. Leistungen nicht am Zeit- und Kraftaufwand messen. Oft ist durch zusätzliche Anstrengung nur eine geringe Verbesserung zu erzielen!

10. Sich besonders gründlich um mehrfach verwendbare Dinge kümmern: Handwerkszeug, Ordnung am Arbeitsplatz ...
11. Zeitaufwendige Gewohnheiten erkennen und überprüfen.
12. Manches läßt sich gleichzeitig erledigen bei geeigneter Reihenfolge!
13. Ordnung halten ist nützlicher als Ordnung schaffen.
14. Planen ist oft die beste Zeitverwendung.
15. Manche brauchen keine Zeitplanung, sie müssen Nein-sagen lernen.
16. Morgens früher aufstehen.
17. Ohne den Überblick über die anstehenden Aufgaben kann man keine sinnvollen Prioritäten setzen.
18. Zwangsmotivation durch positive Verhaltensziele ersetzen, statt: Ich muß, sonst ..., besser: Ich möchte, weil ...
19. Häufiger kurz-, mittel- und langfristig planen.
20. Planungsgemäß zum nächsten Vorhaben übergehen, sonst wächst die Hemmung: Soll ich oder soll ich nicht?

ÜBUNG 24:
Den Umgang mit Zeit lebendig vorstellen und spüren

a) Leben in Vergangenheit, Gegenwart und Zukunft (10′)
Wir haben unsere „Schlagseite" im Umgang mit der Zeit. Manche sind gefesselt von Gedanken an ihre Vergangenheit, andere denken nicht über den heutigen Tag hinaus oder gehen auf in Sorgen und Träumen über die Zukunft.
Solche Denkgewohnheiten schränken unsere Handlungsmöglichkeiten ein. Wir können sie uns durch eine Körpererfahrung bewußt machen und etwas ausgleichen.
- Stellen Sie sich mit geschlossenen Augen aufrecht in den Raum. Ihre Beine und Füße sollen sich nicht berühren, sondern parallel zueinander stehen.
- Wenn Sie sich zuviel mit Ihrer Vergangenheit beschäftigen, dann neigen Sie sich nun so weit nach hinten, daß Sie fast umfallen. Spüren Sie die unangenehme Spannung in Ihrem Körper als Beispiel für Ihre Neigung, sich so auf Vergangenes zu konzentrieren, daß Sie fast den Kontakt zu Gegenwart und Zukunft verlieren.
- Wenn Sie sich in Sorgen und Träumen über die Zukunft verlieren oder nicht über den Tellerrand des Augenblickes hinaussehen, neigen Sie sich für zwei Minuten entsprechend weit nach vorn oder versuchen, kerzengerade zu stehen. Spüren Sie, wie die extreme Haltung als Zeichen Ihrer Schlagseite zu Verkrampfungen führt mit der Gefahr, den Boden unter den Füßen zu verlieren.

b) Zeitverschwendung erleben (5′)

Oft können wir uns nicht überwinden, mit dem anzufangen, was wir eigentlich erledigen möchten. Wir schieben alle möglichen Tätigkeiten vor.

- Legen Sie sich alles bereit, was Sie für die Tätigkeit benötigen, die Sie bisher aufschieben.
- Betrachten Sie stehend eine Uhr mit großem Sekundenzeiger.
- Verfolgen Sie fünf Minuten lang untätig, wie die Zeit verrinnt und bedenken Sie dabei, daß diese Zeit für Ihr Leben unwiederbringlich verloren ist.

c) Die Zeitlüge überwinden (5′)

„Ich habe keine Zeit dafür!" Mit diesen Worten entschuldigen wir uns oft erfolgreich bei anderen und auch vor uns selbst. Eigentlich ist die Formulierung zutreffender: „Mir ist etwas anderes wichtiger!" Es lohnt sich, wenn wir uns diesen Unterschied klarmachen und auf die Zeitlüge verzichten.

- Betrachten Sie Ihr Gesicht in einem Spiegel.
- Sprechen Sie Ihre Lieblingsentschuldigung: „Ich habe keine Zeit!", und antworten Sie sich selbst jeweils mit verstellter Stimme, z. B. traurig: „Ach Du Armer, was kannst Du da nur machen?", wütend, entschlossen, ironisch usw.

d) Zeitdehnung und Beschleunigung und Wunschtempo erleben (10′)

- Führen Sie eine alltägliche Verhaltensweise, z. B. Waschen der Hände, Gehen, Atmen ..., ganz bewußt und sehr langsam aus.
- Beobachten Sie Ihre Empfindungen. Vergrößern Sie den Zeitlupeneffekt und fühlen Sie sich dabei als Herr über Ihre Zeit.
- Beschleunigen Sie die Tätigkeit über das normale Maß hinaus. Wie fühlen Sie sich dabei?
- Bestimmen Sie nun Ihr Wunschtempo.

e) Tageszeiten verändern

Viele haben sich daran gewöhnt, zu einer bestimmten Zeit aufzustehen, die Mahlzeiten einzunehmen, ins Bett zu gehen ... Versuchen Sie probeweise, Ihren Zeitrahmen zu verändern, z. B. bewußt früher oder später aufzustehen ..., um ein neues Optimum für sich zu finden.

Unser Zeitgefühl täuscht manchmal. Bei Angst scheint die Zeit stillzustehen, bei Freude verfliegt sie im Nu! Wir überschätzen unseren Zeitaufwand für Wichtiges und unterschätzen ihn für Nebensächliches. So entstehen unrealistische Vorsätze. Man plant für den kommenden Tag gleich fünf Dinge, die man seit Wochen vor sich hergeschoben hat. Der Vorsatz wird mit Befriedigung erlebt. Wenn man ihn nicht erfüllt, ist man enttäuscht und lernt es doch nicht, den nächsten Vorsatz realistischer zu formulieren!

ÜBUNG 25:
Vorsätze fassen und kontrollieren (7 × 2′)

1. Überblick verschaffen: Was werden Sie in der kommenden Woche alles tun wollen oder müssen im **Umgang mit Aufgaben,** wie Beruf, Hausarbeit, Nebentätigkeiten, Auto, Garten, Natur, Besitz, Haustieren ...; im **Umgang mit Mitmenschen,** wie Partnern, Kindern, Eltern, Kollegen, Freunden, Gegnern ...; im **Umgang mit sich selbst,** wie Essen, Trinken, Schlafen, Gammeln, Fernsehn, Hobbies, Gesundheit, Sinnfragen, Weiterbildung, Ärger, Angst, Freude ...?

2. Kontrolle: Notieren Sie täglich für sechs ausgewählte Tätigkeiten Ihren tatsächlichen Zeitaufwand.

3. Bewerten Sie Ihren Zeitaufwand: gut – zuviel – zuwenig
Ist eine Veränderung
möglich? 1 = sehr gut ..... 6 = gar nicht
wichtig? 1 = sehr wichtig .. 6 = unwichtig

	Kontrolle								*Bewertung*		
									Aufwand	Veränderung	
Tätigkeit	MO	DI	MI	DO	FR	SA	SO	ZUS.	gut?	mögl.	wichtig
Schlafen	8	7	6	7	9	7	7	51	zuviel	2	3

5. Vorsatz fassen: Für welchen möglichst **erreichbaren und wichtigen** Vorsatz entscheiden Sie sich?

a) Um Zeit und Kraft zu sparen, werde ich weniger, seltener, kürzer:

---

b) Um sinnvoller zu leben, werde ich länger, öfter, intensiver:

Sie können auch umfassendere Wünsche äußern, z. B. ich brauche mehr Zeit für mich alleine oder für Kontakte, mehr für Erholung, Selbstbesinnung oder Sachaufgaben ...

6. Vorsatz kontrollieren: Benutzen Sie in der kommenden Woche die gleiche Tabelle: Tragen Sie Ihren täglich gewünschten Zeitaufwand für das abzubauende und aufzubauende Verhalten ein und prüfen Sie Ihre Fortschritte!

Vorsatz für diese Tätigkeit mindestens		*Kontrolle* MO	DI	MI	DO	FR	SA	SO	*Erfolg?* gut/schlecht
Klavier üben	30′ tägl.								
für diese Tätigkeit nur noch									
Fernsehen	60′ tägl.								

Nehmen Sie sich erreichbare Veränderungen in kleinen Schritten vor!

ÜBUNG 26:
Monatsanalyse zum Umgang mit Zeit (30 × 2′)

Manche Tage sind untypisch für unseren Umgang mit Zeit, wegen besonderer Aufgaben oder weil wir einen Vorsatz gerade an diesem Tag verwirklicht haben. Es lohnt sich, unsere Zeit für wichtige Tätigkeiten einmal über einen Monat zu kontrollieren. Dazu muß der Beobachtungsbogen allerdings besonders ökonomisch sein. Übertragen Sie folgendes Schema in Ihren Kalender. Setzen Sie die Tätigkeiten ein, die Sie interessieren!

Tag:	Arbeit	Lesen	Sport	Kind 1	Kind 2	Partner	Briefe
1. 2.	9	15′	30′	–	15′	2	–
2. 2.							
3. 2.							
4. 2.							
.							
.							
28.2.							
Summe							

Zufrieden bin ich mit dem Zeitaufwand für:
Einschränken sollte ich den Zeitaufwand für:
Mehr Zeit brauche ich unbedingt für:

ÜBUNG 27:
Mein Lebenslauf als Lernprozeß (30′)

Man kann auch seine gesamte Lebenszeit betrachten.
Lassen Sie dazu Ihr Leben seit Ihrer Geburt langsam vor sich abrollen.
Halten Sie dort an, wo Sie wichtige Ereignisse bzw. prägende Erfahrungen vermuten. Überlegen Sie
- welche Wünsche, Ängste, Träume, Ziele und Aufgaben Sie damals hatten
- welche Denk- und Handlungsgewohnheiten Ihnen damals nützlich gewesen wären und
- was Sie in dieser Situation wohl gelernt bzw. verlernt haben. Finden Sie auch an belastenden Ereignissen das Positive!

Alter:	Ereignisse/Begegnungen Bücher/Siege/Niederlagen	Wünsche/Träume/Ängste Ziele/Aufgaben damals	Was gelernt? Was verlernt?

Man kann diese Übung auch auf das letzte Jahr beziehen!

5.3 Impulse zum Umgang mit Freude und Dankbarkeit

Wer nicht mehr genießen kann,
wird bald ungenießbar!
Anton Kner

1. Sich freuen kann man lernen oder verlernen!
Freude ist ein Geschenk der Götter! Sich freuen können ist eine Kunst. In der Alltagssprache (Ich freue mich über ...) gilt Freude als Fähigkeit. Wir können sie also üben oder verlernen. Spüren Sie hier einen Entwicklungsbedarf?
Wir lernen uns zu freuen, weil wir dabei positive Gedanken haben, die uns bei nächster Gelegenheit schneller einfallen.
Wir verlernen solche Gedanken, wie das Kopfrechnen, durch Übungsmangel! Die einen halten zu vieles für selbstverständlich und ersticken so jede Freude. Die anderen sehen nur, daß die Rose Dornen hat und nie, daß der Dornenstrauch Rosen trägt! Sie verderben ihre Freude und üben im Angesicht des Schönen negative Gedanken.
Wir sollten uns und anderen häufiger eine Freude bereiten, denn Freude gibt Lebenskraft, macht weniger verletzlich, sie hilft gegen Depressionen und ermutigt uns.

Wende dein Gesicht der Sonne zu,
dann fallen die Schatten hinter dich!
Afrikanisches Sprichwort

Impulse: Warum möchten Sie Ihren Umgang mit Freude und Dankbarkeit verbessern? Wie können Sie sich und anderen heute ganz konkret eine Freude bereiten? Manchmal ist eines ohne das Andere nicht zu haben! Wie verderben Sie sich

Ihre Freude und Dankbarkeit: Tun Sie zuwenig für Ihr Wohlbefinden oder sind Sie zu ängstlich darum besorgt? Bejahen Sie normale Belastungen oder fordern Sie zuviel bzw. zuwenig von sich selbst? Welche Fähigkeiten möchten Sie entwickeln, z.B. sich häufiger, intensiver oder anhaltender freuen, Vor- und Nachfreude empfinden, sich über „Selbstverständlichkeiten" wieder freuen, sich über und mit anderen freuen, ohne neidisch zu werden, Freude und Dankbarkeit deutlicher ausdrücken, sich freuen an Bewegung, Klang, Licht und Form ... auch ohne eigene Leistungen?

ÜBUNG 28:
Beschäftigungs- und Stimmungsprotokoll (7 × 2′)

Bei stärkeren Stimmungsschwankungen sehen wir oft tagelang nur durch die rosarote oder schwarze Brille. Notieren Sie zweimal täglich über eine Woche, wie lange Sie sich mit welchen Dingen beschäftigt haben und geben Sie sich eine Zensur für Ihre Gefühle dabei (1 = glücklich 6 = fürchterlich) z.B.:
7 Geschlafen 3 = sieben Stunden geschlafen, befriedigendes Gefühl
30′ Frühstück 2 = 30 Minuten gefrühstückt, dabei recht gut gefühlt.

Montag	Dienstag	Mittwoch	Donnerstag	Freitag	Samstag	Sonntag

Nach diesem Wochenprotokoll können Sie Ihre Stimmungsbilanz erstellen, positive und negative Gefühle genauer untersuchen, Entwicklungsimpulse überlegen und deren Nutzen in der folgenden Woche überprüfen.

ÜBUNG 29:
Tätigkeits- und Stimmungsbilanz (12′)

Erkennen und erklären Sie Beziehungen zwischen Ihren Tätigkeiten und Gefühlen, z. B.:

Stimmung	Tätigkeiten	Ursachen	Stunden	pro Woche
sehr gut	Spaziergang mit X	wichtiges Gespräch	2,5 Std	2,5
	3 × Frühstück	Terrasse/Sonne	1 Std	
	Fernsehkrimi	gute Ablenkung	1,5 Std	
gut	Chor, Stammtisch	Singen, Freunde sehen	5 Std	7,5

...

Sind Sie mit Ihrer Tätigkeits- und Stimmungsbilanz zufrieden? Haben Sie ein schlechteres oder besseres Ergebnis erwartet? Sollten Sie mit dem Ergebnis zufriedener oder unzufriedener sein? Wie verändert sich Ihre Beschäftigung in Wochen mit besonders guter oder schlechter Stimmung? Wie können Sie Ihre Tätigkeits-Stimmungsbilanz verbessern?
Ich sollte häufiger, länger ...
Ich könnte seltener, kürzer ...

2. Mit Gefühlen Neues ausprobieren

ÜBUNG 30:
Alternativen im Umgang mit Gefühlen erproben (15′)

Es gibt kein schlechtes Wetter sondern nur unpassende Kleidung!

Erkennen:
Wenn ich mich schlecht fühle, neige ich zu folgenden Tätigkeiten und Gedanken: ____________________
Wenn ich mich gut fühle, neige ich zu folgenden Tätigkeiten und Gedanken: ____________________

Ausprobieren:
Versuchen Sie, ein negatives Gefühl
- bewußt wahrzunehmen, zu verstehen, anzunehmen und auszuhalten,
- seine Stärke absichtlich zu erhöhen und dann abzuschwächen,
- die zugehörigen Handlungswünsche zu verwirklichen, d.h. zu weinen, zu schimpfen ... oder,
- das negative Gefühl absichtlich zu blockieren und neuzugestalten.

Versuchen Sie unangenehme Tätigkeiten besser zu bewältigen durch:
- Abkürzen, Zusammenfassen, zuerst und schnell erledigen.
- Befriedigender gestalten, zu besserer Zeit, gemeinsam mit Partnern, in Kombination mit Musik.
- positive Ziele und Sinnzuschreibung: Statt aufräumen *müssen*, um nicht kritisiert zu werden, vielleicht: aufräumen *wollen*, um sich wohlzufühlen oder um den Kindern ein Vorbild zu geben.

Der Optimist denkt oft ebenso einseitig wie der Pessimist, aber er lebt froher!
Charlie Rivel

Das Glas Wein ist für den Optimisten halb voll und für den Pessimisten halb leer. Unsere Perspektive entscheidet darüber, ob wir zufrieden sind oder nicht. Andererseits ist Unzufriedenheit oft die Wurzel des Fortschritts. Wir sollten daher in Freude und Leid überlegen, ob wir uns dieser Stimmung überlassen, sie vertiefen oder abschwächen wollen! Unabhängig davon können wir die gute Perspektive trainieren, damit sie uns bei Gelegenheit zur Verfügung steht.

ÜBUNG 31:
Mit guten Augen sehen (7 × 5′)

Versuchen Sie in den nächsten Tagen:

Schönes zu sehen, Farben, Helligkeit, Schatten, Gesichter, Bewegung.
Gutes zu sehen an sich und anderen, sogar an Fehlern und Schwächen.

Schönes zu hören, Musik, Stimmen, gute Worte ...
Schönes zu fühlen, Wärme, Frische, tiefe Atemzüge, bewußte Bewegung.
Schönes zu schmecken, eine Speise an sich essen, z. B. Brot ohne Belag
Schönes zu riechen, Blumen, frische Luft, Seife ...
Schönes zu denken und erinnern

Für welche Schönheiten möchten Sie Ihre Sinne öffnen?

Oft können wir etwas tun, um unsere Stimmung zu verbessern, manchmal nur etwas unterlassen, was sie verschlechtert! Hier wie dort sollten wir möglichst genau wissen, wie wir positive Gefühle verstärken, abschwächen oder sogar verhindern! Nach Roeck (1984) sollten wir unsere entsprechenden Gewohnheiten genau beschreiben, damit wir sie absichtlich einsetzen oder rechtzeitig unterlassen können, denn wer den falschen Weg genau kennt, kann ihn schneller verlassen oder gar nicht erst betreten.

ÜBUNG 32:
Ein Negatives Rezept finden und vermeiden (10′)

Beobachten Sie einmal genau was Sie tun und lassen, wenn es Ihnen schlecht(er) geht. Formulieren Sie daraus ein negatives Rezept. Damit es keine Selbstanklage wird, formulieren Sie es ironisch für eine andere Person, z. B. so:
Das beste Rezept, gute Laune zu verhindern bzw. abzukürzen.
Wenn Du willst, daß es dir möglichst schnell schlechter geht, mußt Du schon morgens im Bett daran denken, was du gestern nicht erledigt hast. Du mußt dir genau vorstellen, daß es heute bestimmt auch nicht klappt. Schau im Zimmer herum und suche unordentliche Ecken. Mach dir klar, wie unangenehm kalt es im Bad sein wird, daß du wieder in eine Autoschlange gerätst und zu spät kommst, wie die Kollegen hinter vorgehaltener Hand grinsen und dumme Bemerkungen machen ...
Vervollständigen Sie dieses Rezept laufend nach entsprechenden Selbstbeobachtungen! Können Sie auch anders handeln?

3. Freude und Dankbarkeit stärker empfinden

Jeder empfindet Freude anders. Sie ist zwar ein angenehmes Körpergefühl, aber der eine freut sich mehr „im Bauch“, dem anderen kribbelt es in der Nase, der dritte bekommt feuchte Augen, wieder ein anderer verspürt, daß er leichter und befreiter atmen kann. Manche von uns vertiefen ihre Freude durch entsprechende Ausdrucksbewegungen; sie lachen, klatschen sich auf die Schenkel, jauchzen usw. Wenn man sich freut, verändert sich der ganze Körper. Ob man sitzt oder liegt, ob man steht oder geht. Beobachten Sie Ihre besondere Art, sich zu freuen und versuchen Sie, diese zu intensivieren.

ÜBUNG 33:
Freude und Dankbarkeit herbeirufen (19′)

Schließen Sie die Augen und entspannen Sie sich für zwei bis drei Minuten. Versetzen Sie sich in ein Gefühl der Freude und Dankbarkeit. Wie machen Sie das? Was sehen, denken und spüren Sie?
Stellen Sie sich vor, wie Sie sich schon am Morgen beim Aufstehen intensiv freuen, wie Sie in Freude und Dankbarkeit frühstücken, einem guten Freund begegnen. Wie Sie Freude und Dankbarkeit in Ihrem Gang, in Ihrem Gesicht und im Atemholen ausdrücken.
Stellen Sie sich vor, wie sich eine normale bis traurige Stimmung bei Ihnen in Freude verwandelt. Lassen Sie in sich „die Sonne aufgehen“ und beobachten Sie, wie sich Ihr Körper verändert – die Haltung, der Blick, Ihr Gesicht, Ihr Gang, Ihre Schreibbewegung und Ihr Schriftbild usw. Finden Sie für Ihr Sprachgefühl verwandte Eigenschaftswörter zu Freude und Dankbarkeit, z.B. fröhlich, lustig, mutig, zuversichtlich …

Die meisten Menschen können sich intensiv nachärgern. Was sie am Morgen geärgert hat, müssen sie in Erinnerungen noch mehrfach nacherleben. Immer wenn sie sich den Anlaß und die beteiligten Personen vorstellen, geraten sie erneut in Wut.

ÜBUNG 34:
Vorfreude und Nachfreude erleben (10′)

– **Nachfreude üben**
Lassen Sie Erinnerungen aus der letzten Zeit an sich vorüberziehen, einmal schnell, einmal in Zeitlupe. Schlagen Sie nun in Gedanken ein Fotoalbum mit den schönen Stunden Ihres Lebens auf. Verweilen Sie bei jeder schönen Episode und spüren Sie intensiv, wie Sie sich damals gefreut haben.

– **Vorfreude üben**
Die meisten Menschen können sich im voraus ängstigen oder ärgern. Sie stellen sich künftige Mißerfolge vor und verderben sich schon jetzt damit die Stimmung, wo noch nicht sicher ist, daß das Übel eintritt.
Lassen Sie nun Gedanken an Ihre Zukunft kommen und gehen. Schlagen Sie jetzt das Fotoalbum Ihrer positiven Träume und Wünsche für die Zukunft auf. Denken Sie sich einzelne, realistische Möglichkeiten aus, über die Sie sich freuen können. Eine schöne Vorfreude kann uns keiner mehr nehmen, selbst wenn sie unberechtigt war!

Manchen fällt es durch ihre Erziehung schwer, Dankbarkeit und Freude zu empfinden und auszudrücken. Sie haben auch keine positiven Bezeichnungen dafür.

Freuen heißt für sie:
albern sein,
sich kindisch benehmen
ausgelassen und unbeherrscht sein,
sich verletzbar machen,
anderen auf die Nerven gehen
...

Suchen Sie wertvolle Bezeichnungen dafür, vielleicht:
gute Stimmung verbreiten,
andere ermutigen,
wagen, spontan zu sein ...

Dankbarkeit zeigen heißt für sie:
sich unterwürfig verhalten,
sich einschmeicheln,
den anderen zu weiterer Hilfe erpressen,
dem anderen Honig um den Bart schmieren ...

Suchen Sie positive Bezeichnungen dafür, vielleicht:
nicht stur sein,
sich offen zeigen für das Gute,
nicht zu stolz sein ...

Manche Kinder wurden davor gewarnt, sich deutlich zu freuen: Übermut tut selten gut; Hochmut kommt vor dem Fall; Ein Vogel, der zu laut pfeift, den holt die Katze ...
Impulse: Kritisieren Sie die Art, wie sich andere in Ihrer Gegenwart freuen, oder ermutigen Sie sich und andere, Freude und Dankbarkeit auch auszudrücken?
Wir können uns nicht freuen über Dinge, die wir selbstverständlich finden oder einfach vergessen. Erinnern Sie sich einmal daran, was in Ihrem Leben nicht selbstverständlich ist, und versuchen Sie darüber wieder Freude und Dankbarkeit zu empfinden!

ÜBUNG 35:
Worüber kann ich mich freuen? (10′)

Stellen Sie sich selbst und einigen Vertrauten folgende Fragen:
Was ist eigentlich an mir gut?
Wofür kann ich dankbar sein?
Wofür wären andere in meiner Situation dankbar?
Was schätzen andere an mir (Partner, Kinder, Eltern, Freunde, Kollegen)?
Was gefällt mir an Ihnen (Partner, Kinder, Eltern, Freunde, Kollegen)?

Geteiltes Leid ist halbes Leid, geteilte Freude ist doppelte Freude. Loben können, Dankbarkeit ausdrücken, ohne Peinlichkeit aufkommen zu lassen, schenken können, feiern können sind Fähigkeiten, die durch Übungsmangel verlorengehen. Vielleicht können wir uns gegenseitig Entwicklungshilfe leisten, wenn wir Freude und Dankbarkeit öfter zum Ausdruck bringen und unverkrampft annehmen.

5.4 Impulse zum Umgang mit Selbstbesinnung

Unser Leben ist das,
was unsere Gedanken aus ihm machen.
M. Aurel

1. Wo haben Sie gelernt, sich zu besinnen?

Das ganze Leben über müssen wir denken und handeln sowie Erlebnisse und Erwartungen verarbeiten. Meist vollzieht sich das automatisch, gewohnheitsmäßig und teilweise unbewußt, solange unsere Denk- und Handlungsgewohnheiten ausreichen. Erst in problematischen Situationen versuchen wir durch bewußtes Besinnen, Erinnern, Vorüberlegen und Abwägen, Klarheit in unsere Empfindungen und Handlungsmöglichkeiten zu bringen, um eine möglichst gute Lösung zu finden.

Dabei hat jeder so seine Gewohnheiten. Die einen besinnen sich alleine oder im Gespräch bewußter, regelmäßiger, lernwilliger, handlungsbezogener. Sie suchen nach Erklärungen und Lösungen.

Die anderen besinnen sich zu häufig oder zu selten, meist beiläufig oder widerwillig. Sie geraten über Katastrophenphantasien ins Grübeln, lassen sich ablenken, schieben die notwendige Besinnung immer wieder auf oder brechen sie ohne eine Lösung ab.

Die Fähigkeit zur Besinnung wird in der Schule kaum vermittelt. Man kann sie auch nur schwer von Vorbildern durch Nachahmung lernen, weil sie meist im Stillen vollzogen wird. Bei Erfolgen funktioniert sie unbewußt und gut. In anderen Situationen mühevoll, erfolglos oder schädlich. Welche Besinnungsgewohnheiten für Erfolg oder Mißerfolg mitverantwortlich sind, ist meist kaum zu erkennen.

Die Alltagssprache zeigt, wie eng Besinnung und Handeln zusammenhängen. Einen Besinnungslosen bezeichnen wir als „ohnmächtig“; bei großer Wut oder Angst sind wir unseren Gedanken und Empfindungen machtlos ausgeliefert; das Pferd geht dann mit seinem Reiter durch!

Mangel und Überfluß sind also in der Selbstbesinnung gleich schädlich.

Impulse: Haben Sie in letzter Zeit eher zuviel oder zu wenig nachgedacht? Finden Sie dabei Erkenntnisse und Handlungskonsequenzen? Möchten Sie neue Besinnungsformen ausprobieren, die Vor- und Nachteile Ihrer Besinnungsgewohnheiten erkennen, die Wirkungen regelmäßiger Selbstbesinnung erfahren oder lernen, bestimmte Ereignisse wichtiger bzw. unwichtiger zu nehmen? Über welche Lebensaufgaben möchten Sie mehr bzw. weniger nachdenken: Beruf, Privatleben, Familie, Freizeit, Gesundheit?

2. Chancen und Gefahren von Selbstbesinnung

a) Nutzen von Selbstbesinnung:
Erfolgreiche Selbstbesinnung verschafft uns einen Überblick über anstehende Probleme und Aufgaben. So können wir deren Wichtigkeit überprüfen und unseren Mitgestaltungsspielraum ausmachen und besser nutzen. Je mehr sich unsere Ansichten dabei klären, umsomehr können wir uns selbst treu bleiben und sind fremden Erwartungen gegenüber kritischer. Wir können uns besser auf andere einstellen oder von ihrer Sichtweise profitieren. Durch gründliches Nacherleben können wir problematische Reaktionen erkennen und vielleicht verändern.

b) Negative Wirkungen von Selbstbesinnung:
Eine erfolglose Besinnung führt dagegen zu negativen Lernergebnissen: Wir gewöhnen uns z. B. an die Überreflexion bedrückender Lebensbereiche, entmutigen uns durch Gedanken eigener Hilflosigkeit, üben den Abbruch ergebnisloser Selbstbesinnung, verstricken uns in Über- oder Unterforderung, schreiben uns zuviel oder zuwenig Verantwortung und Schuld zu oder verfestigen alte Vorurteile und begrenzen so unseren künftigen Erfahrungs- und Handlungsspielraum.
Es lohnt sich also, wenn wir unsere Besinnungs- und Denkgewohnheiten hin und wieder genauer unter die Lupe nehmen.

3. Besinnungsgewohnheiten erkennen

Besinnung als bewußte Erlebnisverarbeitung ist mehr als Nachdenken über Erfahrungen und Erwartungen. Durch Vorstellungen, Erinnern, Nachempfinden, gedankliches Probehandeln usw. helfen uns möglichst alle Sinne, unsere Erlebnisse und Erwartungen zu verarbeiten.

a) Bevorzugte und vernachlässigte **Besinnungsformen**
Auf welche Weise besinnen Sie sich?
- in Gedanken, unterwegs zur Arbeit oder abends im Bett,
- durch Notizen, als Tagebuch bzw. Brief, oder
- im Gespräch mit Vertrauten?

Jede dieser Besinnungsformen hat ihre Vor- und Nachteile: Gedanken laufen oft zu schnell ab, so daß wir sie nicht hinterfragen können. Sie erfassen aber auch Vorstellungen, die wir nicht in Worte fassen können. Schriftliche Besinnung ist zeitaufwendig. Sie erfaßt nur Worte und wird vielleicht von Unbefugten gelesen ... Im Gespräch mit Kollegen kann Besinnung als üble Nachrede aufgefaßt werden oder man wird zu fremden Meinungen überredet.
Stellen Sie sich einmal vor, Sie erinnern sich auf dem Heimweg daran, daß ein Kollege Sie anbrüllte und dann stehen ließ. Wie würden Sie wahrscheinlich darüber nachdenken?

b) Bevorzugte und vernachlässigte **Besinnungsthemen**
Sie können Ihre Besinnung auf verschiedene Themen konzentrieren:
In einer **Sachbesinnung** bedenkt man vorwiegend sachliche oder theoretischen Probleme, z. B.: „Woher kommt solche Wut: Ist das Jähzorn oder mangelnde Selbstherrschung. Kommen solche Reaktionen aus dem Augenblick oder hat man Sie von Kindesbeinen an?“
In einer **Personenbesinnung** setzt man sich mit dem Erleben und Verhalten seiner Mitmenschen auseinander, z. B.: „Wie kann man nur so unbeherrscht sein. Er ist völlig fertig mit den Nerven und sollte eine Kur machen. Er wird sich noch viele Feinde schaffen, wenn er so bleibt ...“
In einer **Selbstbesinnung** konzentriert man sich auf die eigenen Erfahrungen bzw. Erwartungen und sucht nach Erkenntnissen und Lösungen für sich selbst, z. B.: „Ich habe das nicht verdient. Warum passiert mir so etwas immer wieder? Mit mir

kann man das offensichtlich machen. Ich hatte mal wieder viel Wut im Bauch und wurde sie nicht los ..."
In einer **Besinnungsanalyse** überprüft man eigene bzw. fremde Denkprozesse, z. B.: „Jetzt habe ich lange darüber nachgedacht, werde immer ärgerlicher und weiß immer noch nicht, wie ich ihm morgen begegnen soll."
Meist sind in einer Besinnung mehrere Schwerpunkte enthalten, aber einige werden bevorzugt, andere vernachlässigt oder fehlen völlig. Wozu neigen Sie in diesem Fall?

c) Bevorzugte und vernachlässigte **Besinnungsziele**
Durch eine Besinnung versucht man, etwas zu beschreiben, zu bewerten, zu erklären oder zu verändern.
Die ‚Reporter' unter uns neigen zu detaillierten Beschreibungen, z. B. „Also wie der geschrien hat! Die Stimme, der Gesichtsausdruck und das Zittern am ganzen Körper ..."
Die ‚Sachverständigen bzw. Forscher' suchen gern nach Erklärungen zur Verteidigung oder zur Anklage z. B.: „Vielleicht hatte er Ärger mit anderen Personen, oder er hat mal wieder seine Magenschmerzen ..."
Die ‚Schiedsrichter' unter uns bewerten besonders gerne, z. B.: „Das ist völlig unbeherrscht, wenn das alle machen!" Die ‚Berater' wollen durch ihre Besinnung bevorzugt etwas verändern, deshalb geben sie sich selbst oder anderen gute Ratschläge: „Man sollte immer erst bis drei zählen und tief Luft holen. Ich muß ihm unbedingt sagen ... oder werde ihn beim nächsten Mal sofort stehen lassen."
Die ‚Kontrolleure' unter uns achten besonders auf ihre Gedankengänge, z. B.: „Das Grübeln führt zu nichts. Ich sollte erst einmal abschalten."

d) Bevorzugte und vernachlässigte **Perspektive und Zeitspanne**
Die Besinnung bezieht sich gewohnheitsmäßig auf kürzere oder längere Zeitspannen und ist eher vergangenheits-, gegenwarts- oder zukunftsbezogen mit allen Vor- und Nachteilen:
- Man verharrt im **Rückblick** und vernachlässigt die Konsequenzen für die Zukunft, z. B. „Der war doch früher nicht so, oder ist mir das nur nicht aufgefallen, wenn ich noch an die Lehrzeit denke ..."

- Man konzentriert sich auf die **Gegenwart** und übersieht die Entwicklung und Folgen dieses Ereignisses, z. B. „Heute war das besonders unpassend, ausgerechnet vor anderen Leuten hat er mich angebrüllt ..."
- Man denkt überwiegend **zukunftsbezogen,** bewertet die Folgen und vergißt darüber den nächstmöglichen Schritt, z. B. „Wie soll das mit dem Kollegen weitergehen ..."

e) Bevorzugte und vernachlässigte **Besinnungsergebnisse**

Die persönlichen Besinnungsgewohnheiten führen bevorzugt zu **Empfindungen, Erkenntnissen oder Handlungskonsequenzen:** Man ist ruhiger oder aufgeregter, sieht klarer oder fühlt sich verwirrt und findet oder vermißt geeignete Handlungen für sich selbst oder andere.

Dafür ein Beispiel:

Tabelle 5: Bevorzugte Besinnungsergebnisse

		Empfindungen und Erkenntnisse über mich	 über andere
Konsequenzen	für mich	1. **Ich** war so. **Ich** will mich morgen anders verhalten.	2. **Der** war so. **Ich** will demnächst mal sein Verhalten ausprobieren
	für andere	3. **Mich** ärgert sein Verhalten. **Er** muß es unbedingt ändern!	4. **Sein** Verhalten war unmöglich! **Er** muß sich gründlich ändern!

Die Beispiele 1 und 2 sind besonders nützliche Besinnungsformen, weil sie die persönlichen Konsequenzen betonen. Natürlich sind auch die Formen 3 und 4 sinnvoll, wenn man sie mitteilt und zur Diskussion stellt.

ÜBUNG 36:
Besinnungsgewohnheiten der letzten Woche (10′)

Beschreiben Sie nach diesen Beispielen Ihre Besinnungsgewohnheiten in der letzten Woche!

I. Worüber haben Sie nachgedacht?

eher über		*sowohl als auch*		*oder über*
Positives	O	O	O	Negatives
Vergangenes	O	O	O	Zukünftiges
Wichtiges	O	O	O	Unwichtiges
Kurzfristiges	O	O	O	Langfristiges
Aufgaben	O	O	O	sich selbst
Mitmenschen	O	O	O	Aufgaben
sich selbst	O	O	O	Mitmenschen

I. Unter welchen Bedingungen haben Sie nachgedacht?

eher		*sowohl als auch*		*oder eher*
alleine	O	O	O	im Gespräch
schriftlich	O	O	O	gedanklich
konzentriert	O	O	O	abgelenkt
müde	O	O	O	wach
beiläufig	O	O	O	absichtsvoll
interessiert	O	O	O	beunruhigt

III. Wie haben Sie nachgedacht?

eher über		*sowohl als auch*		*oder eher*
beschreibend	O	O	O	bewertend
nachempfindend	O	O	O	handlungsplanend
abschweifend	O	O	O	themenzentriert
sachbezogen	O	O	O	personbezogen
verstehend	O	O	O	verurteilend
regelmäßig	O	O	O	sporadisch
ermutigend	O	O	O	entmutigend
überfordernd	O	O	O	unterfordernd
vorbeugend	O	O	O	krisenbewältigend
abgeschlossen	O	O	O	abgebrochen

IV. Mit welchen Ergebnissen haben Sie nachgedacht?

eher		*sowohl als auch*		*oder eher*
Erkenntnisse	O	O	O	Gefühle geklärt
Lösung für sich	O	O	O	Lösung für andere
mit Nachkontrolle	O	O	O	ohne Nachkontrolle

Versuchen Sie Ihre Besinnungsgewohnheiten in einem Punkt zu verändern!

4. Selbstaufmerksamkeit und ihre Folgen

Damit wir uns frühzeitig gegen Gefahren schützen können, ist unsere Aufmerksamkeit beim Sehen und Hören meist auf die Umwelt gerichtet. Erst unter bestimmten Umständen werden wir auf uns selbst aufmerksam und können uns besinnen, z. B.

- wenn wir uns selbst wahrnehmen, in einem Spiegel, auf einem Foto, einem Tonband oder Videofilm, beim Schreiben von Briefen oder Tagebüchern usw.
- wenn wir uns beobachtet fühlen oder durch Kritik und Lob auf uns selbst verwiesen werden
- wenn wir längere Zeit in einer bekannten Umgebung nichts zu tun haben, z. B. Warten an einer Haltestelle, im Krankenbett liegen usw.
- wenn wir intensive Körpersignale spüren: Freude, Kummer, Ärger, Schmerzen ...

Man kann zwei Formen von Selbstaufmerksamkeit unterscheiden: **Öffentliche Aufmerksamkeit** entsteht, wenn wir uns beobachtet fühlen. Sie richtet sich auf das, was andere an uns erkennen und bewerten können, z. B. auf Kleidung, Gang, Frisur, Figur, Stimme ... . Diese Selbstwahrnehmung mit den Augen anderer ist sehr wichtig. Sie wird gefährlich, wenn sie zu häufig oder zu einseitig auftritt, wie wir bei der Geschichte vom häßlichen Entlein gesehen haben.

Private Selbstaufmerksamkeit bezieht sich auf Gefühle oder Gedanken, die nur der Selbstbeobachtung und Selbstbewertung zugänglich sind, falls man sie nicht anderen mitteilt.
Im Zustand der Selbstaufmerksamkeit erleben wir wichtige Veränderungen: Teile unseres Selbstbildes werden prägnanter und Gefühle, wie Angst oder Freude, werden intensiver erlebt. Die Unterschiede zwischen dem, was ist und dem, was sein soll werden krasser. Daher bemühen wir uns, die unerwünschte Lage zu verbessern oder unerreichbare Ziele zu senken. Wenn beides nicht gelingt, vermeiden wir alles, was die Selbstaufmerksamkeit auf dieses Gebiet lenkt. Dazu ein Beispiel:

Herr X spürt, daß seine Hose zu eng wird. Die Personenwaage zeigt außerdem, daß er zugenommen hat. Dieser Anlaß zur Selbstaufmerksamkeit bewirkt ein schlechtes Gewissen. Er achtet an diesem Tag auf seinen Hunger und seine Eßgewohnheiten und versucht, weniger zu essen, um sein Übergewicht abzubauen. Als ihm das zu schwer fällt, findet er, daß mollige Leute etwas Gemütliches an sich haben. Eine Zeit lang geht es ihm bei diesem Gedanken besser. Weil sich aber das schlechte Gewissen immer wieder meldet, versteckt er die Waage im Schrank, trägt besonders weite Hosen und meidet Gespräche über dieses Thema.

Die Selbstaufmerksamkeit im Zuge einer Besinnung hat also folgende Wirkungen: Sie beunruhigt und motiviert uns, unterstützt Verhaltensänderungen im Sinne unserer Werte und Ziele oder führt zu einer Senkung zu hoher Ansprüche und Ziele. Wenn beide Veränderungen mißlingen, erhöht sich unsere Unzufriedenheit, und wir brechen die Besinnung ab.

5. Das Tagebuch als Mittel zu wirksamer Selbstbesinnung

Wer zweimal pro Jahr für etwa drei Wochen Tagebuch führt, kann seine Besinnungsgewohnheiten überprüfen und gezielt verbessern.

Viele von uns haben schon einmal ein Tagebuch geführt oder benutzen Briefe, um in Ruhe über Probleme nachzudenken bzw. Freude, Ärger, Angst und Trauer auszudrücken.

Impulse: Wie denken Sie darüber? Halten Sie Tagebuchaufzeichnungen für nützlich, um Gedanken und Erfahrungen zu sammeln, hin und wieder Bilanz zu ziehen, Gefühle auszudrücken und Stimmungen zu verstehen, Probleme zu bedenken und Übersicht zu verschaffen, Verhalten zu planen oder einfach aus Freude am schriftlichen Sprachgebrauch?

Oder lehnen Sie vorübergehende Tagebuchnotizen ab, weil sie Unbefugten in die Hände fallen können, zu zeitaufwendig sind, Ihre spontanen Reaktionen lähmen oder Ihre Unzufriedenheit fördern?

Versuch macht klug! Probieren Sie doch einfach einmal aus, ob sich zehn Minuten Besinnung pro Tag für Sie lohnen!

ÜBUNG 37:
Tagebuch über ein Ereignis pro Tag (7 × 10′)

Täglich machen wir positive und negative Erfahrungen. Wählen Sie ein Ereignis von heute aus. Denken Sie in Spalte 1 schriftlich darüber nach, so daß Sie für sich selbst Konsequenzen finden.
Am Anfang ist es für Sie sicher ungewohnt, solche Ereignisse und ihre Bedeutung zu finden. Geben Sie trotzdem nicht auf! Versuchen Sie wenigstens eine Woche lang, täglich fünf bis zehn Minuten aus diesen 24 Stunden Ihres Lebens etwas zu lernen!

1. Das Ereignis, meine Gedanken und Konsequenzen	2.
4.	3.

ÜBUNG 38:
Besinnungsleitende Fragen ergänzen (15′)

Sie haben in den letzten Tagen jeweils eine Erfahrung nachträglich bedacht, um daraus für sich selbst zu lernen. Welche Fragen haben Sie sich eigentlich gestellt, so daß Ihnen diese und keine anderen Gedanken gekommen sind? Diese selbstverständlichen Fragen zeigen Ihre Denkgewohnheiten und Ihren Lernprozeß. Sie lenken Ihre Auseinandersetzung mit Tageserfahrungen in eine bestimmte Richtung bzw. schränken sie ein.
Im folgenden Beispiel hat ein Praktikant über seine Schulstunde nachgedacht. Die Fragen, die sein Nachdenken unbewußt leiteten, werden in Spalte 2 erschlossen. Er bemüht sich um die Beschreibung, Bewertung und Begründung seiner Schwierigkeiten.

Eine Reihe nützlicher Fragen hat er sich nicht gestellt. Er überprüft z. B. seine Bewertungen nicht und sucht keine neuen Handlungsmöglichkeiten. Solche Fragen werden in Spalte 3 notiert.
Sie können nun in Spalte 4 bedacht werden, um zu weiteren Ergebnissen zu kommen.

Beispiel

1. Das Ereignis, meine Gedanken und Konsequenzen	2. Besinnungsleitende Fragen
Diese Unterrichtsstunde war fürchterlich. Ich hatte mich so gut vorbereitet und alles ist doch anders gekommen. Mitten in der Stunde ist mir fast der Atem weggeblieben, weil ich mit den Reaktionen der Schüler nicht mehr fertig wurde. Ich glaube, sie waren mit dem Thema überfordert, und ich habe außerdem einige Schritte nicht genügend erklärt. Und dann die dauernde Beobachtung durch den Dozenten. Da reagiere ich so, wie ich gar nicht will ...	Wie war es? Warum war es schlimm? Was war schlimm? Warum war ich so? Warum waren die so? Was macht mich verrückt?
4. Weiterführende Besinnung	**3. Ergänzende Fragen:**
	War es wirklich so schlimm? Was kann ich morgen tun?

Wenn Sie mit Ihren Aufzeichnungen so verfahren, finden Sie sicher lohnende Fragen, die Sie sich häufiger stellen sollten!

Selbstbesinnung kann Erlebnisse vertiefen und Vorsätze unterstützen, wenn es gelingt aus Ereignissen brauchbare Erkenntnisse zu gewinnen, diese in realistische Vorsätze zu übertragen, sie sich genau auszumalen und anschließend zu überprüfen.

Das folgende Tagesbuchschema dient dazu, unerledigte Wünsche und Vorsätze aufzufinden und in erreichbaren Schritten zu verwirklichen, damit Ihre Selbstbesinnung nicht zur Überforderung mißrät.

ÜBUNG 39:
Selbstbesinnung Schritt für Schritt (7 × 10′)

Mit diesem Kurztagebuch können Sie herausfinden,
- welche Ereignisse Sie aus Ihrem Tagesablauf wichtig nehmen,
- wie gut Sie daraus Erkenntnisse für sich selbst formulieren können,
- wie gut Sie aus Ihren Erkenntnissen Vorsätze entwickeln können,
- ob Sie Ihre Vorsätze verwirklichen und
- wie eine Selbstbesinnung dieser Art auf Sie wirkt!

Bei einiger Übung werden Sie mit etwa 5 Minuten täglicher Selbstbesinnung auskommen, ein Zeitaufwand, der sich wahrscheinlich lohnt!
Es ist günstig, wenn Sie dafür eine feste Zeit im Tagesablauf reservieren (z. B. abends nach der Tagesschau oder am Morgen des folgenden Tages vor dem Weg zur Arbeit). Führen Sie diese Selbstbesinnung möglichst eine Woche lang täglich durch.

a)	Überblick schaffen:	Vergegenwärtigen Sie sich in Ruhe Ihren Tagesablauf: morgens, vormittags, mittags, nachmittags, abends
b)	Auswahl:	Worüber *wollen* Sie nachdenken?
c)	Vertiefung:	Erinnern Sie sich intensiv daran und bewerten Sie die Begebenheit als: positiv, zwiespältig oder negativ
d)	Erkenntnis:	Welche Erkenntnis wollen Sie für sich selbst daraus ziehen?
e)	Handlungskonsequenz:	Was wollen Sie nach dieser Erkenntnis bewußter tun und lassen?
f)	Vorsatzprüfung	Stellen Sie sich genau vor, wann und wie Sie Ihren Vorsatz erfüllen. Wenn die Vorstellung nicht anschaulich und befriedigend für Sie ist, verändern Sie Ihre Erkenntnis oder den Vorsatz, bis das gelingt! Die Vorstellung gelingt mir: nicht 1 2 3 4 sehr anschaulich und befriedigend
g)	Bewertung:	Die Erkenntnis ist wenig 1 2 3 4 sehr wichtig Die Erkenntnis ist wenig 1 2 3 4 sehr neu Der Vorsatz ist wenig 1 2 3 4 sehr realistisch

h)	Erfolgskontrolle am nächsten Abend:	Dieses Nachdenken wirkte:	negativ	gar nicht	positiv
		a) auf mein Verhalten	–3 –2 –1	0	+1 +2 +3
		b) auf meine Gedanken	–3 –2 –1	0	+1 +2 +3
		c) auf meine Stimmung	–3 –2 –1	0	+1 +2 +3

Selbstbesinnung kann sich auch auf Erwartungen beziehen. Dazu soll die folgende Übung anregen:

ÜBUNG 40:
Erwartungen durcharbeiten (15′)

Wählen Sie ein Problem, bei dessen Lösung Sie unschlüssig sind, z. B.: Soll ich diese Wohnung mieten, diese Arbeitsstelle annehmen, in eine andere Stadt umziehen ...?
Stellen Sie sich nun die Folgen Ihrer Entscheidung auf verschiedene Weise vor:

a)	als Katastrophenphantasie:	Alles entwickelt sich fürchterlich ...
b)	als Mißerfolgsphantasie:	Die negativen Folgen sind auszuhalten
c)	als Bewältigungsphantasie:	Sie werden unter Anstrengung damit fertig
d)	als Erfolgsphantasie:	Es gelingt Ihnen ziemlich gut
e)	als Größenphantasie:	Sie haben die wichtigste Wahl Ihres Lebens richtig getroffen!

Sie sollten die ganze Breite dieser Vorstellungen erproben und sich auf Ihre jeweiligen Möglichkeiten im Denken, Fühlen und Handeln besinnen.
Meist liegt die wichtigste Erfahrung im Überdenken der Möglichkeit, die uns besonders schwerfällt!

Nach Musil ist der Wunsch (etwas zu tun oder zu lassen) ein Wille, der sich selbst nicht ganz ernst nimmt. Ein fester Wille aber ist nichts anderes als magisches, kräftiges Denkvermögen (Novalis). Die Selbstbesinnung kann dazu führen, daß unser Wille Gestalt annimmt.

5.5 Impulse zum Umgang mit Aufregung und Streß

Warum sollten wir unser Verhalten nicht schon zum besseren ändern, noch bevor unser Leben bedroht ist?
Josef Kirschner

1. ‚Negative' Gefühle erkennen, verstehen und mitgestalten

Die sogenannten ‚negativen' Gefühle sind lebenswichtig! Wer Streß, Ärger, Angst und Schuld nicht mehr oder zu selten empfindet, der hat keine Aufgabe mehr, für die es sich zu leben lohnt! Er kann außerdem solche Gefühle seiner Mitmenschen nur schlecht verstehen. Wer solche Signale der Seele durch Tabletten oder Ablenkung dämpft, verpaßt vielleicht den rechten Zeitpunkt für eine Veränderung. Er schaltet den seelischen Seismographen aus, statt sich auf ein Erdbeben vorzubereiten. Er spürt die natürlichen Schwingungen seiner Seele nicht mehr. Auf manchen Gebieten brauchen wir keine Beruhigung, sondern Entrüstung! Wir brauchen Angst, Ärger und Schuldbewußtsein, um kritische Lagen zu erkennen und zu verändern. Entrüstet Euch! Diese Aufforderung der Friedensbewegung hebt die erwünschten Folgen von Aufregung, Streß, Angst, Ärger oder Schuld hervor.

- Der Körper stellt Kraft für Flucht oder Angriff bereit.
- Man konzentriert sich auf die kritische Situation.
- Man wird erfinderisch, vorsichtig und entscheidungsbereit, um zu überwinden oder zu verdrängen.
- Es vollziehen sich bewußte und unbewußte Lernprozesse.
- Man bemüht sich um Klärung, z. B. durch Aussprache.

Es kommt also darauf an, diese Gefühle anzuerkennen und ihre Botschaft gut zu verstehen, um das Beste daraus zu machen. Sonst geraten wir nur in Angst vor der Angst, ärgern uns, daß wir ärgerlich werden, oder verdrängen mit beachtlichem Kraftaufwand Schuld, statt sie zu verarbeiten. Es ist schade um jedes Gefühl, aus dem wir zuwenig lernen!

Im Alltag fühlen wir uns meist von unangenehmen Gefühlen überfallen. Angst beschleicht uns, Schuldgefühle lassen uns nicht los, wir werden von Wut und Ärger gepackt oder geraten in Streß. Das ist nur die halbe Wahrheit! Wir sagen zu Recht: ICH ärgere MICH, ICH ängstige MICH, ICH rege MICH auf,

ICH fühle MICH schuldig. Wir sind mitverantwortlich für unseren Umgang mit diesen Gefühlen! Bei einiger Übung können wir sie mehr oder weniger mitgestalten. Wir können sie zulassen oder uns gegen sie stellen, sie beachten oder uns ablenken, sie verstärken oder abschwächen, verkürzen oder verlängern, heraufbeschwören oder beenden.

Der Mangel oder Überfluß an ‚negativen' Gefühlen wird uns gefährlich und kann durch Entwicklungsimpulse korrigiert werden. Wozu neigen Sie? Auf welchen Gebieten sollten Sie intensiver oder gelassener reagieren?

Mangel	*notwendig*	*Überfluß*
unempfindlich	empfindsam	überempfindlich
arglos	besorgt	überängstlich
gleichgültig	engagiert	gestreßt
ergeben	ärgerlich	blind vor Wut
schuldunfähig	schuldfähig	überverantwortlich
teilnahmslos	betroffen	depressiv
unterwürfig	selbstbestimmt	herrschsüchtig

2. Aufregung in Körper, Herz und Hand

Alle positiven und negativen Gefühle entstehen durch einen spürbaren Wechsel der körperlichen Erregung.
Sinkt unser Aktivierungsgrad, dann spüren wir Entspannung oder Schlappheit.
Steigt er an, dann fühlen wir uns erfreut, aufgeregt, ängstlich, wütend, gestreßt oder schuldig.
Betrachten wir zunächst allgemein, welche Veränderungen sich an unserem Körper beim Erleben und Verhalten vollziehen, wenn wir plötzlich Streß, Angst, Ärger oder Schuld empfinden. Anschließend folgen spezielle Impulse für diese vier Bereiche.

a) Körperliche Reaktionen

Unser Körper reagiert auf äußere und innere Reize wie schöne Musik, Zärtlichkeit, Lob, aber auch auf Hunger, Durst, Hitze,

Kälte, Lärm, Schlafmangel, Angst, Ehrgeiz, Langeweile, Zank und Streit, Trauer, Einsamkeit, fehlende Anerkennung ... mit **allgemeiner Aktivierung.**
Er stellt Energie bereit, um sich diesen Ereignissen zuzuwenden, sie auszuschalten, sie zu bewältigen oder vor ihnen zu fliehen. Die Muskeln werden stärker durchblutet und durch Abbau von Fett und Zuckerreserven besser versorgt. Herzschlag und Blutdruck erhöhen sich, die Blutgerinnungsfähigkeit wird erhöht, damit bei Verletzung weniger Blutverlust zu befürchten ist. Gleichzeitig werden alle nicht unmittelbar wichtigen Funktionen reduziert: Verdauung, Sexualfunktionen, Immunabwehr und Eiweißaufbau. Im Hören, Sehen, Fühlen, Erinnern konzentrieren wir uns auf die aktuellen Reize und schränken den Überblick damit ein. Intuitive Empfindungen für schnelle Reaktionen treten an die Stelle von gründlichem Nachdenken und Problemlösen.
Diese allgemeine Aktivierung wird ohne unser Zutun ausgelöst und ist als positiver Streß notwendig für die alltägliche Lebensbewältigung. Motivation, Kreativität, Freude, Ärger und Entspannung sind ohne diesen positiven Streß so unmöglich wie Farben ohne Licht!

b) Seelische Reaktionen

Diese allgemeine Aktivierung beeinflußt Aufmerksamkeit, Wahrnehmen, Denken, Erinnern, Erwarten und Handeln.
Sobald sich unser Aktivierungsgrad verändert, deuten wir das mehr oder weniger bewußt und richtig mit Hilfe unseres Wissens über uns und die augenblickliche Situation. Nach einem schweren Arbeitstag halten wir sinkende Aktivierung als Zeichen von Müdigkeit und ruhen uns aus. Am frühen Morgen empfinden wir geringe Aktivierung als Schwächegefühl und greifen zu Kaffee oder Tabletten. Je nachdem, ob wir unseren Aktivierungsgrad über- oder unterschätzen, leugnen oder übersehen, richtig oder falsch oder zu einseitig verstehen, kommen wir zu sehr verschiedenen Handlungen.
Sobald wir unsere Aktivierung als Streß, Ärger, Angst oder Schuld gedeutet haben, unterstützen wir sie durch typische Gedanken, Bewertungen, Gefühle, Körperempfindungen und

Handlungen. Gefühle der Wut werden z. B. von wutsteigernden Gedanken und Handlungen begleitet. Ein Wutausbruch schafft uns Entspannung, aber oft auch neuen Ärger über unsere Unbeherrschtheit oder über die Reaktion unserer Mitmenschen. Andererseits kostet es Kraft, die Aufregung zu unterdrücken. Die Selbstbeherrschung steigert unsere Reizbarkeit und diese überträgt sich diffus auf unsere Mitmenschen. Sie erhalten so unklare oder falsche Informationen über uns oder über die Wirkungen ihres Verhaltens.

Zwei Beispiele sollen das Zusammenspiel unserer äußeren und inneren Reaktionen verdeutlichen.

1. Aufregung durch Ärger, weil Ursula die Lieblingsvase der Mutter zerbrochen hat.
Aufmerksamkeit, Gedanken, Erinnerungen, Erwartungen: „Ich habe es so oft gesagt! Jetzt ist die schöne Vase kaputt! Ursula hört einfach nicht. Sie macht, was sie will! Sie zieht an, was sie möchte und kommt am nächsten Wochenende bestimmt wieder zu spät nach Hause!“ In der Aufregung fallen ihr nur ärgerförderliche Gedanken ein, die den weiteren Ablauf beeinflussen.
Bewertungen, Gefühle und Körperreaktion: „Wie schrecklich!“ Sie zittert, spürt Hitzeempfindungen, Blutdrucksteigerung und merkt, wie ihr Atem schneller geht. Sie möchte laut schreien und mit der Faust auf den Tisch schlagen. Sie hält sich innerlich den Mund zu, schämt und ärgert sich über die Gewalt dieser Erregung. Sie fühlt sich hilflos gegenüber Ursula und dem Ereignis. Vielleicht weint sie und ärgert sich noch über die Tränen! Je mehr sie diese Veränderungen beachtet, um so stärker erregt sie sich.
Vorstellungen: Die Mutter stellt sich Ursulas unschuldige Stimme vor und ihren wenig schuldbewußten Blick. Sie denkt an die Stelle, wo die Vase so schön hinpaßte. Sie konzentriert sich auf solche Eindrücke, die ihre Aufregung noch verstärken.
Handlungen: Sie schimpft, geht in die Küche und ißt etwas, um sich zu beruhigen. Es kostet Kraft, ihre Enttäuschung und Verbitterung nicht einfach laut herauszuschreien. Vielleicht ärgert sie sich über ihre Unbeherrschtheit oder ihre Feigheit, endlich mal „deutsch“ zu reden.

2. Aufregung durch Angst: Gerd traut sich nicht, im Sportunterricht über den Bock zu springen.
Gedanken, Erinnerungen, Erwartungen: Wenn ich den Sprung über den Bock nicht schaffe, lachen die Mitschüler, werde ich mich verletzen,

enttäusche ich den Lehrer, gibt es eine schlechte Zensur, schimpft mein Vater, der so gut war im Sport, dann bin ich eine fürchterliche Flasche ...

Bewertungen, Gefühle und Körperempfindungen: Wie furchtbar! Er bekommt weiche Knie, fängt an zu schwitzen, fühlt sich als totaler Versager.

Vorstellungen: Er stellt sich sein blutiges Bein vor, riecht schon den Äthergeruch von der Unfallstation, hört, wie seine Freundin lacht, sieht, wie alle gespannt warten, daß er springt.

Handlungen: Er verzögert den Start, stellt sich hinten in der Reihe wieder an und geht schließlich zur Toilette.

ÜBUNG 41:
Gewohnheiten bei akuter Aufregung (10′)

Notieren Sie Ihre Denk- und Handlungsgewohnheiten für eine Situation, in der Sie Streß, Ärger, Angst oder Schuld empfinden.

Die Situation: ...
Meine Gedanken: ...
Meine Bewertungen: ...
Meine Vorstellungen: ...
Meine Handlungen: ...
Positive und negative Folgen für mich selbst und andere:

Beobachten Sie sich in der kommenden Woche in akuter Aufregung, um die nützlichen und schädlichen Folgen besser kennenzulernen.

3. Aufregung hat mehr als ein Gesicht!

Abbildung 10: Vier Anteile negativer Gefühle

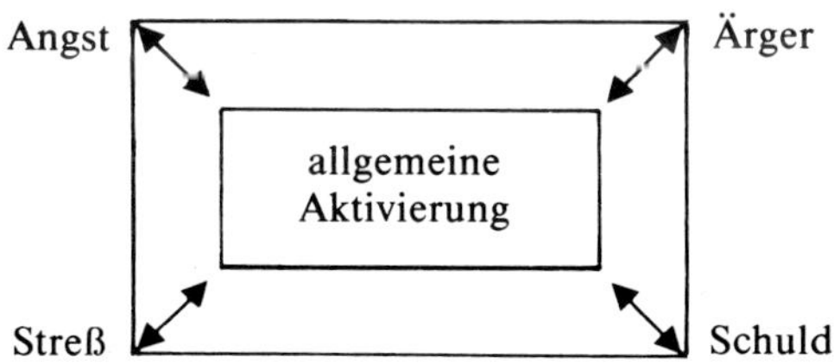

Je nach unseren Deutungsgewohnheiten geraten wir bevorzugt in Streß, in Angst, in Ärger oder Schuldbewußtsein. Manche ängstigen sich oft und geraten nur selten in Ärger. Wer die Schuld bei sich sucht, steigert seine Angst, wer sie bei anderen sucht, steigert seinen Ärger.
Welches ist Ihre bevorzugte Art, negative Ereignisse zu verarbeiten?
Unsere Gefühle haben genau betrachtet mehrere Gesichter. Sie sollten daher zu mehr als einer Handlungskonsequenz führen. Der Ärger über die zerbrochene Vase kann mit Trauer über den Verlust, Angst vor den eigenen Reaktionen, Wut über den Täter usw. verbunden sein. Die Angst vor der Klassenarbeit kann sich auf die Ablehnung durch Mitschüler oder Eltern beziehen und durch Ärger über die eigene Unfähigkeit oder Faulheit verstärkt werden. Um unsere Gefühle gründlich zu verstehen, sollten wir sie von verschiedenen Seiten betrachten!

ÜBUNG 42:
Dieselbe Erfahrung in verschiedenem Licht (10′)

Entdecken Sie Streß, Angst, Ärger und Schuld als verschiedene Sichtweisen für dieselbe Erfahrung. Manchmal können wir eine Situation erst angemessen bewältigen, wenn wir *eine Angst zum Ärger umgeformt haben* oder einen Ärger über andere zu persönlichem Schuldbewußtsein und umgekehrt!
- Verändern Sie Ihre Gedanken über einen ‚reinen' Ärger (z. B. Schulversagen Ihres Kindes), so daß Sie eher Angst, Schuld oder Streß empfinden.
- Verändern Sie Ihre begleitenden Gedanken, so daß sich Angstgefühle in Ärger oder Schuldbewußtsein wandeln.
- Welche dieser Empfindungen sollten Sie stärker bzw. weniger beachten?
- Welche Gedanken würden Ihre Handlungskonsequenzen verbessern?

Nachdem wir Aufregung als akuten Prozeß genauer kennengelernt haben, wollen wir nun die Voraussetzungen und Folgen näher betrachten.

4. Vorbedingungen für Aufregung beeinflussen

Jede Aktivierung ist an **voraussetzende, auslösende und aufrechterhaltende Bedingungen** gebunden. Im Falle eines Feuers sind z. B. brennbares Material und Nachlässigkeit voraussetzende Bedingungen, kritische Hitze und fehlende Kühlung auslösende Bedingungen und genügend Sauerstoff sowie fehlende Kontrolle aufrechterhaltende Bedingungen. Wenn eine dieser Bedingungen nicht gegeben ist, kann sich das Feuer nicht entzünden oder erlischt sofort wieder. Wer ein Feuer verhüten oder eindämmen will, muß diese Bedingungen verändern! Dieses Bild läßt sich auch auf unsere Aufregung übertragen. Vorbeugen ist besser als heulen! Um zu erkennen, welche Bedingungen wir beeinflussen können, führen wir einige Unterscheidungen ein, die freilich nicht immer trennscharf sind.

Tabelle 6: Teilweise beeinflußbare Bedingungen für Aufregung

Bedingungen	*in der Person*	*in der Umwelt*
langfristige Voraussetzungen	braucht viel Zuneigung, will unbedingt reich werden, möchte imponieren,	Vater jähzornig, Mutter unsicher, ärmliche Verhältnisse,
kurzfristige Voraussetzungen	stark überarbeitet, wenig Bargeld, braucht Lohnerhöhung,	Firma vor Konkurs, Kreditraten erhöht, es droht Kurzarbeit,
auslösende Bedingungen	arbeitet ‚schwarz', Unfall mit seinem Auto,	wird angezeigt, Partner will Scheidung,
aufrechterhaltende Bedingungen	trinkt Alkohol, kann sich nicht besinnen,	ist isoliert, hat nur ‚falsche' Freunde

Diese Tabelle zeigt, wie die verschiedenen Bedingungen zusammenwirken und die Lage schrittweise verschärfen. Solche Bedingungen, die unsere Erregbarkeit steigern und uns deshalb für konkrete Auslöser mehr oder weniger verwundbar machen, sehen für jeden von uns anders aus.

a) Langfristige Voraussetzungen beeinflussen uns schon seit der frühen Kindheit. So entwickeln sich schon früh bestimmte Fähigkeiten, Werte, Normen, Vorlieben und Abneigungen. Wir neigen seither zu Jähzorn oder Ärgerunterdrückung, sind mehr oder weniger streßanfällig, haben geringes oder großes Selbstvertrauen, verlangen viel oder wenig von uns, fühlen uns angenommen oder abgelehnt, haben große oder geringe Angst, Fehler zu machen, viel oder wenig Kontaktbedürfnisse usw. Wir haben von klein auf gelernt, wie und worüber wir uns aufregen dürfen. Manche können ihre Aufregung höchstens als Ärger zulassen, andere eher als Angst. Wir drücken unsere Aufregung aus oder bemühen uns, sie um jeden Preis zu verdecken. Ein Teil dieser langfristigen Voraussetzungen ist kaum zu verändern. Wir können sie nur akzeptieren und versuchen, sie weder bei uns noch bei anderen zu verstärken! Es gibt aber meist auch Bedingungen, die wir ganz gut beeinflussen können!

Impulse: Welche langfristigen Voraussetzungen spielten bei Ihrer letzten Aufregung eine Rolle? Welche möchten Sie schrittweise beeinflussen? Welche Aufregungsgewohnheiten haben Sie aus Ihrem Elternhaus übernommen und welche nicht? Welche Ereignisse regen Sie besonders auf: Lügen, falsche Beschuldigungen, Undankbarkeit, Faulheit, Kritik ...? Welche Ereignisse und Personen schätzen Sie besonders? Was haben solche Ereignisse und Personen mit Ihrer Kindheit zu tun?

b) Kurzfristige Voraussetzungen sind manchmal auch kurzfristiger zu verändern, z. B. akute Überarbeitung, Müdigkeit, Kopfschmerzen, gerade erlebte Mißerfolge, Gedanken, die unsere Reizbarkeit steigern. Aber auch Erholung durch guten Schlaf oder ein gutes Gespräch beeinflussen unsere Aktivierungsbereitschaft. Oft haben kurzfristige Voraussetzungen auch eine langfristige persönliche Grundlage: Wer sich z. B. überarbeitet hat, neigt vielleicht dazu, sich zuviele Aufgaben zuzumuten und seine Ermüdungssignale zu mißachten.

Manche dieser Voraussetzungen können wir verändern oder vorbeugend verbessern.

c) Auslösende Bedingungen: Wer unter starken Spannungen steht, dem genügt ein geringfügiger Anlaß, um heftig mit Angst, Ärger, Streß oder Schuldgefühlen zu reagieren. Es ist die sprichwörtliche Fliege an der Wand, die Mücke, die wir zum Elefanten machen. Je unmittelbarer wir vor der Aufregung stehen, um so schwerer wird es, etwas dagegen zu tun! Welche Auslöser für Streß, Angst oder Ärger könnten Sie vermeiden oder durch gute Vorbereitung etwas entschärfen?

d) Aufrechterhaltende Bedingungen: Bei einiger Übung können wir Aufregung bewußter empfinden und besser verstehen, abkürzen oder auf ein gesundes Maß reduzieren. Manchmal hilft ein Gespräch mit Vertrauten, manchmal eine Ablenkung durch Fernsehen o. ä. Wer die Scherben seiner Lieblingsvase vor Augen behält, gewinnt keine Distanz zu dem Verlust und steigert seine Aufregung. Wir malen uns schreckliche Dinge aus, geraten in eine Katastrophenphantasie und fühlen uns einer vermeintlichen Gefahr nicht gewachsen.
Aufregung, Angst, Ärger, Schuld und Streß sind mit Blick auf manche Bedingungen mehr als berechtigt. Wenn uns Unfälle, Atombomben, Umweltschäden, Arbeitslosigkeit und Leid zwischen Menschen nicht mehr aufregen, ist das sicher genauso gefährlich, als wenn uns Ängste, Ärger oder Schuld nicht mehr loslassen. Hier werden aufrechterhaltende Bedingungen für unsere Aufregung aus verschiedenen Interessen abgebaut! Prüfen wir also von Zeit zu Zeit, auf welche Aufregung wir unsere Kräfte konzentrieren!

ÜBUNG 43:
Bedingungen für Aufregung beeinflussen (15′)

- Wählen Sie eine Streß-, Angst-, Ärger- oder Schulderfahrung der letzten Zeit aus. Welche voraussetzenden, auslösenden und aufrechterhaltenden Bedingungen waren dabei entscheidend? Notieren Sie in den folgenden Tabellen auch vorbeugende und akute Maßnahmen gegen solche Aufregungen.

Tabelle 7: Ansatzpunkte zur Bewältigung von Aufregung

Bedingungen:	*Aufregung*	*Beruhigung*
langfristige u. kurzfristige Voraussetzungen		
auslösende Bedingungen		
aufrechterhaltende Bedingungen		

- Welche Vorbedingungen für unerwünschte Aktivierung können Sie kurz- oder langfristig abbauen?

Tabelle 8: Unerwünschte Bedingungen vorbeugend abbauen

unerwünschte Vorbedingung	*kurzfristig abbauen durch:*	*langfristig abbauen durch:*
Müdigkeit	Erholungspausen	weniger Arbeit
Unsicherheit	ermutigende Gedanken	kleine Mutproben
Kopfschmerzen	Tabletten, frische Luft	Ursachen bekämpfen
Hetze		
Einsamkeit		
Reizbarkeit		

- Welche Vorbedingungen spielten bei Ihrer letzten Aufregung eine wichtige Rolle? Suchen Sie dafür geeignete Einflußmöglichkeiten.
- Welche Vorbedingungen für positive Gefühle können Sie fördern, um Ihre Verwundbarkeit durch Aufregung zu senken?

Tabelle 9: Erwünschte Bedingungen vorbeugend fördern

erwünschte Vorbedingung	*kurzfristig fördern durch:*	*langfristig fördern durch:*
Freude	etwas Schönes tun	sich mit Freunden treffen
guten Schlaf		
Vertraute gewinnen		
Entspannung		

5. Folgen von Aufregung erkennen, bewerten und beeinflussen

Die Folgen von Aufregung sind sehr vielfältig. Wir sollten gerade dabei unsere guten Absichten nicht mit den tatsächlichen Konsequenzen verwechseln!

Dazu ein Beispiel:

Der Chef möchte durch eine deutliche Kritik einen hartnäckigen Mißstand überwinden. Läßt er seinem Ärger freien Lauf. Damit verschafft er sich selbst kurzfristig Luft. Der kritisierte Mitarbeiter fühlt sich bestraft, ist verletzt und nimmt langfristig Rache durch ‚Dienst nach Vorschrift‘.

Bei jeder Aufregung sind mindestens unmittelbare und langfristige sowie positive und negative Folgen zu unterscheiden, und zwar für uns, unsere Mitmenschen und Sachprobleme!

a) Unmittelbare Folgen

Sie entstehen während und kurz nach der Aufregung und wurden schon angedeutet: Unser Körper macht sich handlungsbereit, Kräfte werden mobilisiert, die Aufmerksamkeit konzentriert sich zunehmend auf bestimmte Aspekte, wir greifen zu Handlungen, die ohne diese Aktivierung unterblieben wären. Für uns selbst kann eine Aufregung belebend und motivierend sein. Vielleicht verlieren wir auch den Überblick und kommen von dem Problem nicht mehr los oder brauchen mehr Kraft als zur Zeit verfügbar ist.

b) Langfristige Folgen durch Lernprozesse

Mit jeder Aufregung sind bewußte und unbewußte Lernprozesse verbunden. Die mit der Aktivierung verbundenen Gedanken, Gefühle, Körperreaktionen und Handlungen prägen sich ein und werden künftig leichter erinnert. Manchmal drängen sie sich sogar ohne unser Zutun ins Gedächtnis, wie eine Melodie, die uns immer wieder durch den Kopf geht. So üben wir automatische Bewertungen, was „auf keinen Fall" geschehen darf oder „unbedingt" getan werden muß. Wir lernen, daß bestimmte Menschen ganz unmöglich sind oder daß die nächste Prüfung bestimmt eine Katastrophe wird. Diese Lernprozesse machen uns für ähnliche Situationen **sensibel oder verwundbar.** Wir reagieren dann schneller und heftiger. Daher sollten wir manche Aufregung besser auswerten.

Es folgen zwei Beispiele für Gedanken in einer aufregenden Situation. Welche damit verbundenen Lernprozesse halten Sie für nützlich, belanglos oder schädlich?

a) Herr Meier hat den Bus verpaßt. Er könnte z. B. denken:
- Dieser rücksichtslose Busfahrer hat mich doch noch gesehen und nicht gewartet!
- Der öffentliche Nahverkehr taugt nichts, ich brauche ein Auto!
- Ich bin eben ein Pechvogel!
- Ich müßte pünktlicher losgehen, aber das fällt mir schwer, weil ich nicht nein sagen kann, wenn mich noch jemand aufhält!

b) Herr Müller kommt mit seinem Auto ins Schleudern und denkt:
- Unverschämtheit, wie man solche Kurven bauen kann!
- Mit solchen Kurven müßte mein Auto aber besser fertigwerden.
- Ich bin ein unfähiger Autofahrer, mir gelingt nichts.
- Ich sollte langsamer fahren und bei diesem Wetter öffentliche Verkehrsmittel benutzen.

ÜBUNG 44:

Aufregungen gründlich auswerten (15′)

Gefühle sind Lern- und Handlungsimpulse. Bei Zahnschmerzen nimmt man eine Tablette, geht zum Arzt oder möchte künftig seine Zähne besser pflegen. An den Lern- und Handlungsergebnissen entscheidet sich, ob eine Aufregung nützlich, gefährlich oder einfach nur Energieverschwendung war!

Welche Situation aus den letzten Tagen wollen Sie gründlicher auswerten? Haben Sie schon genügend Distanz, um alleine oder im Gespräch mit einem Freund darüber nachzudenken? Benutzen Sie dabei folgende Fragen:

1. Was macht die Situation für mich wichtig?
2. Warum bin ich mit meinem inneren und äußeren Verhalten unzufrieden?
3. Welche Folgen hatte meine Art, mich aufzuregen, kurz- und langfristig für mich, meine Mitmenschen und anstehende Sachprobleme?
4. Welche Lern- und Handlungskonsequenzen vermeide ich in diesem Fall?
5. Was kann ich daraus lernen über mich, meine Mitmenschen und Aufgaben?
6. Wie kann ich die Aufregung erfolgreicher bewältigen?
7. Was hindert mich, diese neue Vorstellung in die Tat umzusetzen?

c) Negative Folgen von Aufregung

Aufregungen führen zu negativen Folgen, wenn sie zu häufig, oder zu selten, zu stark oder zu dauerhaft auftreten, und wenn unsere bereitgestellte Energie nicht in geeignete Lern- und Handlungsergebnisse umgesetzt werden kann.

Mit steigender Aufregung unterbrechen wir gerade ablaufende Tätigkeiten oder achten nicht mehr auf sie. Das kann beim Autofahren oder in Prüfungsgesprächen gefährlich werden. Auch Mitmenschen bekommen diese Spannungen zu spüren. Wenn wir in Angst oder Ärger uns und andere beschimpfen, führt das oft nur zu Angstabwehr, Rechtfertigungen und Gegenaggressionen. In diesem Zustand ist man „blind“ vor Zorn, „starr“ vor Schrecken oder möchte vor Scham in den Boden versinken und kann deshalb seine Fähigkeiten für die Bewältigung der Situation nicht nutzen. Zu spät fällt uns ein, was wir hätten sagen bzw. tun können. Stattdessen greifen wir zu Bewältigungsverhalten, das wir später bereuen: falsche Worte oder Schweigen. Wir reagieren uns ab durch Trinken, Essen, Rauchen oder waghalsiges Autofahren.

Wir sind behindert, uns und andere richtig zu verstehen und erkennen erst viel später, wie harmlos ein Blick oder eine Geste waren.

Manche befinden sich bewußt oder unbewußt in dauernder Anspannung, wie ein Auto, bei dem sich das Gaspedal verklemmt hat. Sie bekommen Kopfschmerzen, Schlaflosigkeit oder andere psychosomatische Beschwerden.
Langfristig üben wir dabei, uns tatenlos zu schämen, vorschnell zu entschuldigen, rasch anzuklagen oder uns selbst abzulehnen und verfestigen einseitige Denkgewohnheiten.

ÜBUNG 45:
Belastungstagebuch (7 × 10′)

Notieren Sie in der kommenden Woche zu jeder Aufregung
a) Den Anlaß und die beteiligten Personen.
b) Was regte mich besonders auf?
c) Wie stark war die Aufregung (Zahl zwischen 0 und 10)
d) Wie lange dauerte die Erregung an (Stunden/Minuten)?
e) Vorherrschende Körpergefühle (z. B. Kloß im Hals, Rot-Werden).
f) Vorherrschende Empfindung: Streß, Ärger, Angst, Schuld, Niedergeschlagenheit ...
g) Was habe ich dabei gedacht, gesehen, gehört, getan, mir vorgestellt, besonders beim Höhepunkt der Aufregung?
h) War meine Reaktion eher zu stark oder zu schwach, zu lange oder zu kurz oder angemessen?
i) War ich noch Herr meiner Gedanken, Worte und Taten, oder habe ich mich hinreißen lassen zu unerwünschten Reaktionen?
j) Welche positiven und negativen Folgen hatte meine Reaktion aus der Sicht aller Beteiligten?

Wenn Sie über eine Woche oder länger verschiedene kritische Situationen gesammelt haben, können Sie nun alleine oder in Gesprächen beurteilen, welche Aufregung Sie besser bewältigen möchten.

Erst wenn Sie sicher sind, daß Sie sich zu häufig oder zu selten, zu stark oder zu schwach, zu früh oder zu spät aufregen, sollten Sie sich einen entsprechenden Impuls geben. Manchmal geht es auch darum, andere Seiten unserer Aufregung zu erkennen. Wer sich über das Schulversagen seines Kindes nur ärgert, sollte auch Angst bzw. Schuld empfinden, damit er sich konsequent und liebevoll um sein Kind kümmern kann.

Ihre Entwicklungsziele können also sehr verschieden sein. Möchten Sie Aufregung bewußter erleben, besser verstehen und gestalten oder mehr daraus lernen? Wollen Sie:

- Aufregung frühzeitig erkennen und beeinflussen,
- Aufregung als Streß, Angst, Schuld und Ärger verstehen,
- sich kürzer, deutlicher, seltener, häufiger oder weniger aufregen,
- Mitmenschen durch Über- und Untertreibung nicht mehr täuschen,
- sich regelmäßiger und konstruktiver aufregen,
- sich regelmäßig um Gelassenheit und Zuversicht bemühen oder
- besser mit Schuld und dem schlechten Gewissen umgehen?

Betrachten wir nun den Umgang mit Streß als einen Spezialfall von Aufregung.

6. Streß durch Zeitdruck, Leistungsdruck und Sinnverlust

Manche Last wird zu schwer durch die Art, wie wir sie tragen wollen! Wir geraten in gefährlichen Streß, wenn wir tatsächlich oder nur eingebildet für längere Zeit in einem kritischen Ausmaß über- oder unterfordert sind.

Es gibt verschiedene Streßfolgen. Wir verlieren die Freude an Aufgaben, sind weniger bereit dazuzulernen, können uns schlechter in andere hineinversetzen, reagieren uns auf Kosten anderer ab und neigen zu schädlichen Beruhigungsmitteln wie Alkohol, Nikotin, Essen, Wutausbrüchen, amokartigem Verkehrsverhalten oder kapseln uns ab.

Langfristig kann es zu psychosomatischen Störungen wie Schlaflosigkeit, Migräne, Magengeschwüren oder auch zu Tablettenabhängigkeit kommen.

Nach Aronson u.a. (1983) stehen besonders engagierte Menschen in der Gefahr „auszubrennen“. Sie gehen in ihrem Beruf so sehr auf, daß sie zunehmend unfähig werden zu Erholung, Freizeit und Kontakten. Eines Tages sind sie dann am Ende ihrer Kraft.

Vorbeugen ist besser als heilen! Wir sollten frühzeitig erkennen, ob wir zu negativen Streßreaktionen neigen.

ÜBUNG 46:
Die eigene Streßanfälligkeit überprüfen (15′)

Personen mit folgenden Verhaltensweisen neigen zu Streß:

Neigung: *trifft auf mich zu:*	*eher ja*	*eher nein*
Komme nicht zu spät	O	O
sehr wettbewerbsorientiert	O	O
nicken, unterbrechen	O	O
Sätze für andere beenden	O	O
immer in Eile	O	O
ungeduldig beim Warten	O	O
strenge mich meist an	O	O
nächste Aufgabe schon bedenken	O	O
mit Nachdruck sprechen	O	O
Anerkennung im Beruf wichtig	O	O
schnell beim Essen, Gehen …	O	O
schindet sich	O	O
versteckt Gefühle	O	O
wenig außerberufliche Interessen	O	O
ehrgeizig	O	O

Verändern Sie eine dieser Gewohnheiten in der kommenden Woche.
Bemühen Sie sich außerdem
- um regelmäßige Bewegung in der Freizeit,
- um Verzicht auf schädliche Entspannungsgewohnheiten wie Alkohol,
- um die Einschränkung von Nebentätigkeiten,
- um Zeiteinsparung, indem Sie früher aufstehen und Aufgaben aufteilen.

Freunde und Kollegen sind für eine bessere Streßbewältigung von ausschlaggebender Bedeutung. Sie können uns ermutigen, anspornen oder mahnen, wenn wir Streßanzeichen übersehen, verharmlosen oder als Zeichen persönlicher Wichtigkeit auffassen.

7. Ratschläge zum Umgang mit Streß

a) Notwendige Belastungen annehmen, unnötige vermeiden

Eine verblüffende und wirksame Form der Streßbewältigung besteht darin, belastende Situationen als sinnvoll und notwendig anzunehmen! Wer klare eigene Vorstellungen über seine wichtigsten Lebensaufgaben hat, empfindet alles, was er dazurechnet, nicht mehr als Zumutung. Gleichzeitig sollten wir unnötige Streßreaktionen abkürzen oder vorbeugend vermeiden.

Impulse: Werfen Sie einen Blick in Ihr Belastungstagebuch. Welche unangenehmen Situationen können Sie vermeiden? Welche können Sie annehmen als sinnvollen Bestandteil Ihrer Lebensaufgaben? Wie können Sie Ihren Umgang mit unvermeidlichem Streß verbessern?

b) Freude ist ein gutes Mittel gegen Streß

Eine der besten Methoden gegen Streß sind regelmäßige Alltagsfreuden. Dazu müssen wir allerdings die **Speisekarte unserer Seele** kennen. Verbessern Sie Ihre Kondition gegen Streß mit Hilfe der Übung 2: Freude in dieser Woche.

c) Entspannung und positive Vorstellungen

Legen Sie sich zurück, schließen Sie die Augen und stellen Sie sich eine beruhigende Situation vor, z. B. Sie liegen am Meer bei Sonnenschein, leichtem Wind und dem Rauschen der Wellen, oder Sie liegen im Wald auf einem weichen Moosteppich, über Ihnen grüne Blätter, die sich langsam biegen, und ein leichtes Säuseln ...

Stellen Sie sich intensiv vor, wie Sie in äußerster Ruhe speisen, behaglich lesen, sich gelassen bewegen, ruhig umhersehen, Musik zur Entspannung hören, wählen Sie eine Musik, die Sie wirklich entspannt.

d) Streßabbau und Streßvermeidung durch Körperarbeit

Die durch Streß bereitgestellte Kraft sollte durch Muskelarbeit in Bewegung umgesetzt werden. Sonst können wir nicht schla-

ÜBUNG 47:
Streßimpfungstraining ($7 \times 10'$)
- Analysieren Sie in Ihrem Belastungstagebuch 5–10 Streßsituationen. Versuchen Sie dabei, Ihre Gefühle, die innere Sprache, das äußere Verhalten und Ihre Wahrnehmungen möglichst genau nachzuempfinden und zu verstehen.
- Wählen Sie eine typische Situation, in der Sie mit schädlichem Streß reagieren. Unterteilen Sie den Ablauf der Streßbewältigung in vier Phasen:

– Die Vorbereitung auf die Streßsituation
Was haben Sie bisher gedacht, getan, gehört ... bevor die Streßsituation begann? Haben Sie sich vorher verrückt gemacht und die Situation überschätzt?
Stellen Sie sich nun vor, wie Sie besonders ruhig in diese Situation kommen. Wie verändern sich dann Ihre Vorstellungen, Selbstgespräche, Ihre Blicke, Stimme und Verhaltensweisen. Entwickeln Sie daraus Rezept zur streßärmeren Vorbereitung auf die kritische Situation.

– Der Beginn der eigentlichen Streßsituation
Was denken, reden, tun und lassen Sie bisher, wenn die kritische Situation beginnt und Sie besonders aufgeregt sind?
Wie würden Sie sich verhalten, wenn Sie besonders gelassen sind? Wie verhält sich jemand, der sich von dieser Situation nicht aus der Ruhe bringen läßt?
Formulieren Sie daraus ein Rezept. Spielen Sie es in Gedanken so oft durch, bis Sie damit zufrieden sind.

– Der Streßhöhepunkt,
Stellen Sie sich nun den Höhepunkt Ihrer Aufregung in Zeitlupe vor, wie die Aufregung zuviel für Sie wird. Improvisieren Sie in Gedanken so lange, bis Sie die kritische Situation nicht mehr völlig aus dem Griff verlieren.
Formulieren Sie daraus ein Rezept. Spielen Sie es in Gedanken so oft durch, bis Sie es für realisierbar halten.

– Das Abklingen und die Verarbeitung der Streßsituation
Was denken, reden, tun und lassen Sie nach einer besonders starken Aufregung? Wie verhalten sich Personen, die schnell wieder Ihre Fassung gewinnen? Wie könnten Sie sich verhalten, um das Beste daraus zu machen, ohne sich aus der Ruhe bringen zu lassen?
Formulieren Sie daraus ein Rezept. Spielen Sie es in Gedanken so oft durch, bis Sie damit zufrieden sind.

fen und fühlen uns wie gerädert, obwohl wir nichts geschafft haben. Regelmäßige Körperarbeit im Garten oder beim Sport, tiefe Atmung, Singen oder Schreien vermindern vorbeugend kritische Streßreaktionen.

e) Häufige Streßreaktionen systematisch bewältigen
Wer häufige oder hartnäckige Streßreaktionen bewältigen möchte, sollte das Streßimpfungstraining von Meichenbaum (1979) in der Übung 47 Schritt für Schritt ausprobieren.

5.6 Impulse zum Umgang mit Angst

> *Angst ist der Preis, den wir für unsere Beweglichkeit zahlen. Pflanzen und Steine haben keine Angst.*
> Kudszus

Die Angst ist eine Kraft, die Kraft kostet! Wer Aufregung als Angst empfindet, fühlt sich hilflos in Situationen, die er für wichtig und bedrohlich hält!
Was möchten Sie im Umgang mit Angst ausprobieren? Auf welchen Gebieten möchten Sie sich mehr oder weniger, früher oder später, häufiger oder seltener ängstigen. Wollen Sie eine bestimmte Angst besser aushalten oder energischer überwinden? Fördern Sie Ihre Angst vor Leistungsversagen, um mehr aus sich herauszuholen? Neigen Sie zu Eifersucht aus Angst, allein zu sein?
Im Gespräch mit Vertrauten kann man sich gegenseitig ermutigen, eine Sorge auszuhalten, etwas zu verändern sowie fragwürdige Denkgewohnheiten zu überwinden.

1. Drei Einschätzungen verstärken oder mildern die Angst
Nach Lazarus (1981) entwickelt sich unsere Angst in drei Denkschritten:
a) Erste Einschätzung: Hier beurteilen wir, ob in dieser Situation Entscheidendes auf dem Spiele steht. Wenn z. B. von einer bestimmten Klassenarbeit die Versetzung abhängt, der mögliche Verlust von Klassenkameraden sowie großer Ärger mit den Eltern, dann ist diese Arbeit für einen Schüler besonders wichtig.

b) Zweite Einschätzung: Hier prüfen wir unsere Handlungsmöglichkeiten und deren vermutlichen Erfolg: Was will ich (Zielfrage)? Was stört mich (Störungsanalyse)? Was kann ich tun (Handlungsauswahl)? Mit welchen positiven und negativen Konsequenzen muß ich rechnen (Wirkungsanalyse)? Je hoffnungsloser eine Situation erscheint, um so eher bleiben wir bei einer dieser Fragen stecken und kommen nicht mehr dazu, die anderen zu stellen. Wir verstricken uns in Katastrophenphantasien, ohne Lösungen zu finden.
Jede erdachte Problemlösung, auch wenn sie tatsächlich nutzlos ist, verringert unsere Angst. So hat die unbegründete Zuversicht noch den Vorteil, daß wir in größerer Ruhe weiter überlegen können. Wer dagegen von seiner Hilflosigkeit überzeugt ist, regt sich auf oder resigniert. Selbst wenn er doch wirksam handeln könnte, wird er nicht darauf kommen oder es nicht wagen, weil die Angstgefühle sein Denken und Handeln blockieren.
In extremen Fällen wird die Aufregung so stark, daß man sie über sich ergehen läßt wie einen Tornado, ohne Gegenmaßnahmen zu ergreifen!
c) Neueinschätzung der Situation: Wenn wir eine Lösung gefunden haben, beruhigen wir uns mit dem Gedanken: „Die Lage ist ernst, aber nicht hoffnungslos." Sonst steigert sich unsere Aufregung bei dem Gedanken: „Die Lage ist furchtbar ernst und völlig hoffnungslos!" In diesem Fall sind wir dann von der Gefahr hypnotisiert wie das Kaninchen von der Schlange. Seligmann (1979) hat in seinem berühmten Versuch zur erlernten Hilflosigkeit demonstriert, wie lähmend solche Gefühle wirken.

Eine Gruppe von Ratten wurde nach Zufall in zwei Gruppen geteilt. Die erste erhielt nach einem Glockenton schmerzhafte Stromschläge über den Metallboden des Käfigs und lernte, daß sie diesen nicht ausweichen konnte. Nach einigen vergeblichen Fluchtversuchen blieben die Tiere ängstlich sitzen. Sie sprangen nicht mehr hoch, um den Schmerz zu verkürzen. Anschließend kamen sie mit Ratten ohne diese Erfahrung in einen Käfig, dessen Boden zur Hälfte aus Holz bestand. Nach wiederholten Signalen und Stromschlägen hatten diese Tiere sehr schnell gelernt, vom Metallboden auf den Holzboden zu springen. Ihre Artgenossen aber, die im ersten Versuch gelernt hatten, daß sie nichts gegen den Schmerz unternehmen konnten, sahen ihnen zu und kauerten weiter ängstlich und hilflos auf dem Metallboden. Sie waren auf diesem Gebiet so lernunfähig, daß sie nicht einmal die demonstrierte Lösung nachvollzogen!

2. Verwundbarkeit durch unvernünftige Bewertungen überwinden

In derselben Situation bleiben einige Menschen ganz ruhig, andere bekommen Angst, schämen sich oder platzen bald vor Wut. Dazu ein Beispiel:

Drei Personen kaufen ein Pfund Tomaten. Zu Hause stellen sie fest, daß die Ware schlecht ist. Einer ärgert sich und trägt die Ware zurück. Er reagiert ‚normal'. Der zweite steigert sich in einen Wutanfall und wirft sie dem Händler an den Kopf. Er zeigt eine destruktive Überreaktion. Der dritte ärgert sich über sich selbst, schämt sich und hat Angst, die Ware zu reklamieren. Er zeigt eine destruktive Unterreaktion.

Ob eine Reaktion angemessen oder destruktiv ist, kann man nach ihrer Intensität, Häufigkeit und ihren Auswirkungen für den Betreffenden und seine Mitmenschen beurteilen.
Wie kommt es zu solchen Unterschieden im Erleben und Verhalten? Ellis (1977) sagt dazu sinngemäß: Nicht der äußere Anlaß bestimmt unsere Gefühle und Verhaltensweisen, sondern die Art, wie wir darüber denken! Für den einen ist die Vorstellung unerträglich, daß er betrogen wurde. Dem anderen fällt es schwer, zu kritisieren aus Angst vor der erwarteten Abwehr oder weil er andere nicht verletzen möchte.
Äußere Anlässe (A) aktivieren also unsere Bewertungen (B) und erst diese bestimmen dann, welche Konsequenzen (C) wir im Erleben und Verhalten ziehen. Dazu ein Beispiel:

A Anlaß:	Ich werde öffentlich kritisiert.
B Bewertung:	Wie schrecklich! Ich verliere mein Gesicht vor den anderen! Man darf nie Schwächen zeigen! Es ist ungeheuer gemein von dem Kritiker, mich öffentlich anzugreifen!

C Konsequenz: Ich schäme mich und verlasse möglichst schnell den Ort meiner Niederlage.

Typisch für diese unvernünftige Erlebnisverarbeitung sind die übertriebenen, rigorosen Bewertungen: „schrecklich, ungeheuer gemein, Gesicht verlieren ...“

Es ist gut vorstellbar, bei welchen Gelegenheiten sich jemand mit solchen Bewertungen ärgert, schämt oder verletzt fühlt. Andere können damit besser umgehen, weil sie z. B. denken: ‚Öffentliche Kritik ist kein Grund zur Freude, aber ich kann sie überleben und will das Beste daraus machen.‘ Bei Über- und Unterreaktionen spielen also *unvernünftige Bewertungsgewohnheiten* eine wesentliche Rolle. Einige sind besonders weit verbreitet.

Tabelle 10: Unvernünftige Bewertungen nach Ellis (1977)

a) Es ist für jeden absolut notwendig, von praktisch jeder Person in seinem Umfeld geliebt oder anerkannt zu werden.
b) Man darf sich nur als wertvoll empfinden, wenn man in jeder Hinsicht kompetent, tüchtig und leistungsfähig ist.
c) Bestimmte Menschen sind böse Schurken und müssen dafür streng bestraft werden.
d) Die eigene Vergangenheit hat den entscheidenden Einfluß auf das gegenwärtige Erleben und Verhalten, und das wird auch für alle Zukunft so bleiben.
e) Über Probleme und Verhaltensschwierigkeiten anderer sollte man sich wirklich aufregen!
f) Es gibt für jedes menschliche Problem *nur eine* richtige und perfekte Lösung, und es ist schlimm, wenn man diese nicht findet.

Solche Denkgewohnheiten kann man auch als unvernünftige Schlußfolgerungen auffassen.

Allgemeine Feststellung: Wer Fehler macht, wird nicht mehr anerkannt.

Einzelfall: Ich habe gerade einen schweren Fehler gemacht.

Folgerung: Jetzt werde ich mein Gesicht verlieren. Das ist schrecklich!

Auf allen drei Ebenen können Denkfehler vorliegen:

Die allgemeine Feststellung halten wir für selbstverständlich und erkennen nicht mehr, daß sie zu allgemein, zu rigoros oder total falsch ist.

- Der Einzelfall wird bei starker Gefühlsbeteiligung manchmal falsch beurteilt.
- Die Folgerung aus früheren oder fremden Erfahrungen kann übertrieben oder direkt falsch sein. Das fällt uns nicht auf ohne den Mut, neue Erfahrungen zuzulassen!

Solche Bewertungen und Schlußfolgerungen tragen wir natürlich nicht als ausformuliertes Glaubensbekenntnis bei uns! Dann könnten wir sehr schnell erkennen, daß sie in dieser Form übertrieben sind. Wir können nur aus unseren Gefühlen und Verhaltensweisen schließen, daß wir zu solchen automatischen Bewertungen neigen.

Betrachten wir noch einmal die Überzeugung: Es ist schrecklich, wenn mich meine Mitmenschen nicht annehmen!

Welche Schwierigkeiten haben Personen, die so denken? Sie bekommen Angst, wenn sie die Ablehnung anderer erwarten oder spüren. Sie ärgern sich lieber im stillen über andere, weil sie die Gegenkritik fürchten. Sie finden, daß andere „rücksichtslos“ ihre Meinung sagen. Sie streben zu sehr nach der Zuneigung ihrer Mitmenschen und verzichten dabei auf eigene Interessen.

In welchen Situationen wirkt diese Bewertungsgewohnheit blokkierend? Z. B. in Diskussionen, wenn Leistungen öffentlich bewertet werden, wenn sie eigene Wünsche äußern wollen oder Bitten ihrer Mitmenschen ablehnen möchten.

Was halten solche Personen von sich selbst? Sie bezeichnen sich als ‚rücksichtsvoll, freundlich und hilfsbereit‘ und haben es schwer mit Personen, die sie als ‚aggressiv‘ erleben. Sie halten es für eine unnötige Provokation, ihre Meinung auch dann zu sagen, wenn sie nicht wohlwollend aufgenommen wird.

Impulse: Kennen Sie einen Mitmenschen, der sich so verhält? Wie wirkt er auf Sie? Warum sollte er seine unvernünftigen Bewertungen überwinden? Was könnten Sie ihm raten? Zu welcher irrationalen Bewertung aus der Liste von Ellis (1977) neigen Sie selbst? Stellen Sie sich zu diesen Bewertungen die obigen Fragen!

3. Ratschläge zum Umgang mit Angst ausprobieren!

Die Konzepte von Lazarus (1981) und Ellis (1977) bieten neue Anregungen für den Umgang mit Angst. Manche davon können Sie nur vorbeugend verwenden, andere auch zur Bewältigung von akuter Angst.

a) Die Wichtigkeit von Problemen nicht überschätzen!
Wer genügend Werte in seinem Leben kennt, wird selten von einer Situation völlig überwältigt. Er kann sie etwas abwerten im Blick auf andere, die mindestens ebenso wichtig sind!

ÜBUNG 48:
Probleme ab- und aufwerten (15′)

Finden Sie für jeden Vergleich möglichst viele Antworten!
- Es ist zwar **schade,** wenn ich ... nicht schaffe, wenn ... passiert, aber **schlimmer** wäre es, wenn ich ... (mehrere Antworten!)
- Es ist zwar **schade,** wenn ich ... nicht schaffe bzw. nicht habe, aber **wichtiger** ist, daß ich ... (mehrere Vergleiche!)
- Es ist zwar **schade,** wenn ich ... nicht schaffe, aber das hat auch eine **gute Seite,** nämlich ...

b) Über den Tag hinaus denken!
In der Angst scheint die Zeit stehenzubleiben. Durch die Frage: Wie wird es in einigen Tagen, Wochen oder Jahren sein?, können wir Abstand gewinnen und erkennen vielleicht: ‚Die Lage ist hoffnungslos, aber nicht ewig ernst!‘

Impulse: Denken Sie an eine inzwischen vergangene Angst. Was war damals so furchtbar für Sie? Wieviel von Ihrer Angst hat aus heutiger Sicht noch Bestand? Können Sie an dieser Angst auch Positives erkennen?

c) Wahrscheinlichkeit überprüfen und Notlösungen sammeln
Nichts wird so heiß gegessen, wie es gekocht wird! Jede Angst wird kleiner, wenn wir erkennen, daß die Gefahr nicht unbedingt in der schlimmsten Form eintreten muß. Dann fällt uns vielleicht für 90 Prozent der Fälle noch eine erträgliche Lösung ein.

ÜBUNG 49:
Konsequenzen in der Vorstellung durchleben (15′)

Je größer die Gefahr scheint, um so genauer sollten wir prüfen:
- Wie wahrscheinlich ist es, daß Ihre schlimmsten Befürchtungen überhaupt wahr werden?
- Was können Sie je nach Lage noch tun?
- Welche Konsequenzen können – in Ruhe betrachtet – schlimmstenfalls entstehen?
- Wie können Sie damit umgehen?
- Stellen Sie sich anschaulich vor, wie Sie in einer schwierigen Situation verschiedene Handlungsmöglichkeiten mit wechselndem Erfolg ausprobieren, ohne in Panik zu geraten.
- Durchleben Sie diese Vorstellungen, ohne sich abzuwenden, und verbessern Sie Ihre Handlungsmöglichkeiten wie ein Regisseur, bis Sie mit der Szene zufrieden sind.

d) Durch Mutproben die Angst besser bewältigen!
Wer Angst hat vor einer Klassenarbeit, vor einer Diskussion, vor einem Streitgespräch, vor einer Bitte um Gehaltserhöhung usw., sollte sich an entsprechende Vorstellungen gewöhnen, bevor er die Situation praktisch zu bewältigen versucht.

e) Notbremsen für Übererregung bereitlegen:
Stellen Sie Ihre eigene „Psychoapotheke“ gegen zu starke Aufregung zusammen. Manchen hilft es, wenn sie tief durchatmen, wenn sie sich den Gegner in Unterhosen vorstellen, wenn sie den Blickkontakt zu ihm brechen und seine Kleidung betrachten, nach ihrer Uhr sehen, zur Toilette gehen, frische Luft schnappen, sich entspannen, an etwas Bestimmtes denken usw. Andere stellen sich auch vorbeugend durch regelmäßige Entspannung und Bewegung so ein, daß sie die tägliche Aufregung gut verkraften.

ÜBUNG 50:
Mutproben mit steigender Schwierigkeit (7 × 5′)

- Wählen Sie eine unangenehme Situation, z. B. um etwas bitten ...
- Finden Sie dazu Übungen mit steigender Schwierigkeit, z. B.
  etwas unangenehm: Geld wechseln bei einer älteren Frau
  unangenehmer: sich von einem Kollegen Geld leihen
  sehr unangenehm: an einer Kasse bitten, vorgelassen zu werden
- Wählen Sie zehn solche Mutproben mit steigender Schwierigkeit aus.
- Beginnen Sie damit, die leichteste in der Vorstellung möglichst lange auszuhalten, und dann praktisch durchzuführen, so oft, bis Sie die Übung fast langweilig finden. Dann gehen Sie zur nächst schwereren Situation über.

f) Unvernünftige Sorgen überwinden

Jeder von uns hat typische Gedanken und Vorstellungen, die seine Angst steigern. In einem Gespräch mit Vertrauten kann man solche Katastrophenphantasien überprüfen, dämpfen oder überwinden.

g) Negative Körpergefühle annehmen oder ironisieren

Je mehr wir auf unangenehme Körpergefühle achten, um so stärker spüren wir den Kloß im Magen, die Schweißtropfen oder das Herzklopfen. Statt zu dramatisieren: „Wie furchtbar, meine Schweißränder!“, kann man vier Strategien verwenden:

- ablenken: „Wovor gerät mein Gegner wohl ins Schwitzen?“
- das Positive annehmen: „Besser schwitzen als ein Magengeschwür bekommen!“
- ironisieren: „Ertrinken werde ich darin schon nicht, ich kann ja schwimmen!“
- absichtsvoll übertreiben: „Das bißchen Schweiß ist bloß ein Anfang, mal sehen, ob ich noch die doppelte Menge schaffe.“

Mit einer von diesen Strategien gelingt es in manchen Situationen, die Angst so weit zu dämpfen, daß man besser mit ihr umgehen kann.

h) Fluchtwünschen nicht sofort nachgeben!

Unangenehme Situationen möchten wir gern durch Flucht beenden oder vorbeugend vermeiden. Ein Schüler, der sich während einer Klassenarbeit krank meldet (Flucht) oder an diesem Tag gar nicht in die Schule geht (vorbeugende Vermeidung), steigert seine Angst! Jeder neue Versuch, sich einer Klassenarbeit zu stellen, wird ihm schwerer fallen.

i) Über Angst sprechen, statt sich ihrer zu schämen

Viele haben Angst vor der Angst. Sie schämen sich, als Männer oder als Erwachsene, vor etwas Angst zu haben, das anderen angeblich nichts ausmacht! Dabei gilt es, hinter vielen Ängsten die berechtigte Sehnsucht zu verstehen, z. B.: Ich lebe gern. Deshalb ist es sehr natürlich, daß ich vor Schmerzen oder Krebs Angst habe. Ich möchte einen guten Beruf haben, von den Eltern geliebt werden. Deshalb kann mich eine Verschlechterung meiner beruflichen Aussichten nicht kalt lassen. Hier hilft auch das Gespräch mit Vertrauten. In vielen Selbsthilfegruppen erfahren die Teilnehmer, wie befreiend Gespräche über die Angst sein können. Sie erleben nicht selten, daß andere ähnliche „unvernünftige" Ängste haben. Manche verstehen ihre Angst nicht mehr als persönliche Schwäche, sondern als gesellschaftliches Problem. Sie können sich und ihre Angst dann besser annehmen, auch wenn Sie keine Möglichkeiten sehen, sie zu überwinden!

j) Angst in Ärger umwandeln!

Jede Angst verliert an zerstörerischer Kraft, wenn wir sie mit Ärgergedanken mischen. So können wir einen Teil der Entmutigung und Erregung von uns weglenken.
Statt zu denken: „Wie furchtbar, was werden die anderen sagen!", hilft es, wenn wir uns auch über Zustände, beteiligte Personen oder uns selbst ärgern. Üben Sie einmal, eine Katastrophenphantasie durch ärgerförderliche Gedanken zu entschärfen!

k) Ruhe, Entspannung und Zuversicht körperlich erleben

Manche Menschen können sich durch intensive Vorstellungen in Gefahrensituationen beruhigen. Sie denken an einen starken Partner, einen Schutzengel oder Ratgeber. Mit diesem Helfer an ihrer Seite werden sie ruhig und behalten den Überblick.

ÜBUNG 51:

Ich bin die Ruhe selbst (7 × 5′)

- Wählen Sie für ‚Ruhe' einen besonders ansprechenden Begriff wie z. B. Gelassenheit, Sicherheit, Zuversicht, Stärke, Gesundheit ...
- Suchen Sie dazu den für Sie unangenehmsten Gegenbegriff wie z. B. Panik, Hetze, Angst ...
- Stellen Sie sich vor, wie Sie morgens ganz zuversichtlich und ruhig erwachen. Sehen und spüren Sie, wie Sie zuversichtlich atmen, umherblicken, sich erheben. Im Gehen, Sprechen, Essen und Trinken, Schreiben und Autofahren drückt sich Ihre Ruhe aus und teilt sich anderen mit! Lassen Sie den Ausdruck der Ruhe und Sicherheit zu den noch angespannten Körperteilen und Bewegungen gelangen!
- Damit Sie einen möglichst großen Unterschied spüren, versetzen Sie sich nun vorübergehend in den negativen Zustand. Achten Sie darauf, wie sich Ihr Gang oder Ihre Stimme verändern, wenn Sie unruhig, hektisch, ängstlich, bedrückt oder depressiv werden. Empfinden Sie möglichst deutlich, wie unangenehm das ist.
- Lassen Sie deshalb wieder Ruhe einkehren in Ihren Gang, Ihre Stimme, Ihren Blick usw.
- Um Ihre Vorstellungen zu unterstützen, können Sie auch an Bekannte denken, die in besonderer Weise Ruhe oder Nervosität ausstrahlen!

Nach einigem Training können Sie mit dieser Übung für einen Tag vorbeugen, sich in einer akuten Aufregung beruhigen und anderen etwas Ruhe vermitteln.

5.7 Impulse zum Umgang mit Ärger

1. Jeder ärgert sich auf seine Weise

Auch Ärger ist eine Kraft, die Kraft kostet. Wir ärgern uns, wenn wir etwas für wichtig und unerwünscht halten. Dabei fühlen wir uns nicht hilflos, sondern zum Angriff bereit. Unsere Ablehnung kann sich auf Mitmenschen, äußere Zustände oder auf eigenes Empfinden und Verhalten beziehen.

Jeder hat seine typischen Ärgeranlässe und Ärgergewohnheiten. Man ärgert sich z. B. eher über sich selbst oder über andere, sehr spontan oder überlegt, heftig oder schwach, kurz oder lang, zu früh oder zu spät, deutlich oder undeutlich, zu häufig oder zu selten mit überwiegend guten oder schlechten Folgen. Wir wirken dabei auf andere glaubwürdig, lächerlich oder angsterzeugend. Die einen ärgern sich nur still in Gedanken und Vorstellungen, die anderen bringen den Ärger zum Ausdruck, um sich Luft zu verschaffen oder als Mitteilung, Belehrung bzw. Warnung für andere. Manche versuchen, die unerwünschte Situation gezielt zu verändern.

Impulse: Welches sind Ihre typischen Ärgeranlässe und Ärgergewohnheiten? Möchten Sie sich seltener, weniger oder konsequenter ärgern? Möchten Sie Ihre Reizbarkeit verringern oder mehr aus Ihrem Ärger lernen? Warum wollen Sie Ihren Umgang mit Ärger verändern, z. B. um sich oder andere nicht zu gefährden, um mehr Freude zu erleben und zu vermitteln, um wichtige Anliegen wirksamer zu vertreten oder, um Magengeschwüre zu vermeiden? Formulieren Sie Ihre Ziele und Gründe für einen neuen Umgang mit Ärger!

2. Sich richtig ärgern ist eine Kunst!

„Ein Gewitter klärt die Luft", sagte der Bauer, doch der Blitz schlug ins Jauchefaß! Ärger ist wie Dynamit. Man kann damit Hindernisse aus dem Weg räumen oder sich und andere umbringen.

Unsere Haltung zum Ärger ist zwiespältig: Er gilt als Zeichen von Mut oder Unbeherrschtheit, von Engagement oder Jähzorn. Erwachsene dürfen sich ärgern, Kindern wird das rigoros verboten: „Der Klügere gibt nach! Wer brüllt, hat unrecht!" Ärger gilt als Verstoß gegen Frieden und Mitmenschlichkeit, aber auch als notwendiges Durchsetzungsverhalten im menschlichen Dschungel.

Ärger ist in vieler Hinsicht lebensnotwendig. Er ist ein Warnsignal für uns und andere, dem wir nachgehen sollten! Er ist ein ‚seelischer Blitzableiter', um Übererregung und die Gefahr psychosomatischer Erkrankungen zu verringern. Wer seine Betroffenheit nicht in Gestik, Mimik, Sprache und anderen Verhaltensweisen ausdrückt, muß sie in sich hineinfressen! Er ist ein armer ‚Schlucker', der nicht das Feuer löscht, sondern den Schornstein zuhält und sich auf Dauer eine ‚Rauchvergiftung' einhandelt.

Der Ärger gibt uns Kräfte, um unerwünschte Situationen zu verändern. Er beeindruckt oft mehr als eine sachliche Äußerung. Der Klügere sollte nur nachgeben, wenn er es verantworten kann! Wer sich zu selten ärgert, wird vielleicht unzufriedener, ohne daß er das auf bestimmte Probleme zurückführen kann. Das macht uns reizbar auch in Lebensbereichen, die mit dem ursprünglichen Ärgeranlaß gar nichts zu tun haben. So werden Familienmitglieder oder Haustiere zum Blitzableiter für den Ärger von der Arbeitsstelle.

Andererseits lassen wir uns von Ärger zu unbedachten Aggressionen hinreißen. Gerade ablaufende Tätigkeiten wie Reden oder Autofahren bewältigen wir bei aufkommendem Ärger schlechter oder müssen sie sogar unterbrechen! Wir empfinden Vorwürfe oder den Wunsch nach Vergeltung, entwickeln Rachegefühle und verderben uns und anderen die Laune. Manche bekommen dabei Angst vor uns oder lehnen unsere Anliegen ab.

3. Mitgestaltungsmöglichkeiten im Ärgerablauf

Bevor wir unsere Ärgergewohnheiten verändern, sollten wir deren erwünschte und unerwünschte Konsequenzen überprüfen. Natürlich ist es leichter, vorbeugend und regelmäßig etwas gegen unsere Reizbarkeit zu tun und nicht erst, wenn wir kurz vor der Explosion stehen! Machen wir uns deshalb die

Mitgestaltungsmöglichkeiten an dem bekannten Prozeßmodell der Aufregung klar, z. B. am Ärger über ein nicht aufgeräumtes Kinderzimmer.

Tabelle 11: Einflußmöglichkeiten auf den akuten Ärgerprozeß

Vorbedingungen	*Beispiel*	*Einflußmöglichkeiten*
zeitlich ferne Voraussetzungen	Ordnungsliebe, Gehorsamkeit, wichtige Werte	Ordnung u. Gehorsam abwerten, Wichtigeres finden,
zeitlich nahe Voraussetzungen	gereizt durch ermüdenden Hausputz u. Einkauf, schwüles Wetter	erholsamer Schlaf, Pausen, kleine Alltagsfreuden
auslösende Bedingungen	will das Zimmer putzen, viele Spielsachen auf dem Boden, Wäsche unter dem Bett ...	Regel über Aufräumen, Putztag vereinbaren, sonst Zimmer übergehen ...
akuter Zustand und aufrechterhaltende Bedingungen	Überlegen Sie zu diesem Fall ärgerförderliche Gedanken, Vorstellungen und Verhaltensweisen (wie oben, beim Ärger über die zerbrochene Vase), die den Ärger aufrechterhalten, statt ihn zu verkürzen. Was könnte die Mutter tun, um sich wirksamer zu ärgern?	
unmittelbare Folgen	sieht noch mehr Negatives, schreit Unbeteiligte an, Entspannungsessen, Ärger über den Ärger	Gegensteuern durch Gedanken, ein Gespräch, den Raum verlassen, das Kind beauftragen ... sich etwas Gutes gönnen
langfristige Folgen	fühlt sich ausgenutzt, Ungeduld bei Hausaufgaben, racht sich am Wochenende, gilt als nachtragend ...	eigenen Wert bewußt machen, Entspannungspause, Familienkonferenz ...

4. Ratschläge zum Umgang mit Ärger ausprobieren

a) Vorbeugen durch Psychohygiene!

Vorbeugen ist besser als heilen! Diese Volksweisheit trifft besonders auf den Umgang mit Ärger zu. Durch Freude und Dankbarkeit kann man destruktiven Ärger vorbeugend begrenzen! Dazu müssen wir allerdings die **Speisekarte unserer Seele** kennen und regelmäßig etwas für unser Wohlbefinden tun. Der eine erfreut sich an schöner Musik, der andere braucht frische Luft und einen Spaziergang oder ein Gespräch. Die schönsten Beschäftigungen fallen uns aber schwer, wenn wir sie zu selten ausführen. So wie wir uns regelmäßig waschen und nicht erst, wenn andere die Nase rümpfen, so sollten wir auch unser Wohlbefinden regelmäßig pflegen und nicht nur als Feuerwehrmaßnahme!
Es ist sogar gefährlich, wenn man sich erst bei starkem Ärger etwas Gutes gönnt! Jede angenehme Tätigkeit, die wir zu oft als Beruhigung gegen Ärger und Angst verwenden, verliert auf Dauer ihren Reiz und wird unangenehm!

Impulse: Sammeln Sie geeignete Alltagsaktivitäten, um Ihre Stimmung zu stabilisieren. Erproben Sie deren Wirkung und suchen Sie im Gespräch mit Vertrauten neue Möglichkeiten!

b) Die Reizbarkeit abbauen

In einem Faß finden hundert Tropfen Platz. Es läuft über, als der 101. Tropfen hineinfällt. Welcher Tropfen ist dann schuld, daß das Faß überläuft?
Nach dem ersten Eindruck machen wir diesen letzten Tropfen dafür verantwortlich, obwohl er nur der Auslöser war. Er hätte noch genügend Platz gefunden, wenn einer der übrigen nicht hineingefallen oder schon wieder verdunstet wäre!

Entspannung und intensive Körperarbeit sind zwei bewährte Methoden, um vorbeugend und regelmäßig unsere Anspannung vernünftig zu begrenzen. Was würde Ihnen helfen, um die täglichen Aufregungen besser zu verkraften?

c) Ärger annehmen als Sinn- und Werterfahrung

Die Fähigkeit, sich zu ärgern, ist kein Zeichen von Unbeherrschtheit, Egoismus oder Streitsucht. Die Unfähigkeit, Ärger zu zeigen, ist kein Beweis für Selbstbeherrschung oder Friedfertigkeit. Man verwechselt sehr leicht die Angst vor Auseinandersetzungen mit der Tugend der Selbstbeherrschung oder die fehlende Meinung mit Toleranz.

Jeder Ärger ist ein wichtiges Lern- und Handlungssignal. Wir sollten unseren **Ärger auf seinen guten Kern hin verstehen.** Suchen Sie dazu Beispiele aus der letzten Woche!

d) Provokationen aufgreifen oder aushalten

Auf Ärgeranlässe kann man zu stark oder zu schwach reagieren.

– Manchmal reagieren wir sehr früh und heftig. Wir wollen den Anfängen wehren und uns nichts gefallen lassen. Wir halten uns für wehrhaft und merken nicht, daß wir wie Marionetten durch bestimmte Reizworte zum Handeln gezwungen werden.

– Oder wir reagieren zu schwach, ärgern uns im stillen und jemand zieht daraus die falschen Schlüsse oder merkt nicht einmal, daß er uns verletzt hat.

In beiden Fällen müssen wir uns um eine neue Sicht bemühen! Dazu ein Beispiel:

Tabelle 12: Neue Gedanken zur besseren Ärgerbewältigung

Anlaß:	*bisherige Gedanken*	*neue Gedanken*
Ein Kollege grüßt nicht:	Unverschämt, der nimmt mich nicht ernst. Er will sehen, wie weit er es treiben kann ... Das laß ich mir nicht bieten!	Er traut sich nicht. Er hat große Sorgen. Er bringt mich nicht aus der Ruhe. Das überlebe ich spielend!

Die neuen Gedanken dämpfen in diesem Beispiel die Aufregung. Wer dagegen ohnehin zu lange über Ärgeranlässe schweigt, müßte seine Beschwichtigungsgedanken überwinden und sich ermutigen, Flagge zu zeigen. Welche dieser beiden Veränderungen ist für Sie nützlich?

e) Ärgererfahrungen vergleichen

Die meisten Ärgersituationen haben wir in der einen oder anderen Form schon einmal erlebt. Ein Belastungstagebuch (vgl. Übung 45) gibt uns den Überblick über die Häufigkeit, Stärke und Inhalte unseres Ärgers. Es kann uns bewußt machen, daß und wie wir ähnliche Situationen manchmal besser und manchmal schlechter bewältigen. Wir lernen dabei, Unterschiede in unserem Umgang mit Ärger zu erkennen und können uns auf ähnliche Situationen mit der gedanklichen und praktischen Erprobung von Vorsätzen einstellen.

Für die systematische Bewältigung unerwünschter Ärgerreaktionen eignet sich das Streßimpfungstraining von Meichenbaum (vgl. Übung 47).

f) Ärger durch andere Gefühle ergänzen

Um auf eine wichtige und unerwünschte Situation angemessen zu reagieren, müssen wir neben dem Ärger möglichst auch andere Gefühle zulassen. Suchen wir einmal an einem ärgerlichen Ereignis andere Seiten:

Anlaß: Das Kind ist sitzengeblieben!

Ärger über das Kind: Dieser faule Kerl!

Ärger über beteiligte Personen: *Ich* hätte früher zum Lehrer gehen sollen. *Mein Partner* hat sich überhaupt nicht darum gekümmert, und *die Lehrer* müßten uns auch früher ansprechen und Förderstunden einrichten ...

Angst über die Zukunft: Vielleicht schaffen wir es nicht, vielleicht gibt er auf, ist er überfordert ...

Schulderfahrung: Vielleicht hätten wir ihn nicht zur höheren Schule überreden sollen. Vielleicht lehnt er sich gegen unseren Druck auf ...

Erst wenn wir alle diese Gefühle in uns spüren, werden wir gründlicher über die Situation nachdenken und nicht nur mit Schimpfen reagieren.

Impulse: Zu welcher Erlebnisverarbeitung neigen Sie selbst? Welche Gedanken helfen Ihnen, um Ihre Betroffenheit wirksamer zu verarbeiten?

5.8 Impulse zum Umgang mit Schuld

Das Gute, dieser Satz steht fest,
ist stets das Böse, das man läßt!
W. Busch

Das Böse, dieser Satz steht fest,
ist stets das Gute, das man läßt!
???

1. Schulderfahrungen sind lebensnotwendig!
Durch unser Tun oder Lassen werden zwangsläufig Werte verwirklicht, vernachlässigt oder sogar verletzt. Wir sind nicht durch Instinkte zu bestimmten Handlungen gezwungen, können Ursachen erkennen, ihre Folgen mehr oder weniger bewerten, vorhersagen und über unser Handeln mitentscheiden. Wer sich selbst entschuldigt, muß unerwünschte Folgen verharmlosen oder die Verantwortung auf andere Personen oder Umstände abschieben. Dazu zwingt uns unser Bedürfnis nach Erklärungen! Deshalb reagiert unser Gewissen auch vor oder nach wichtigen Entscheidungen mit Rat und Lob oder Mahnung und Anklage. Ohne diese Voraussetzungen könnten wir unsere Entwicklung nicht mitverantworten.
Wir sind also Miturheber im Guten wie im Bösen und werden unausweichlich schuldig, ob wir das anerkennen und erfahren oder nicht.
Natürlich kann man keine Schuld durch das Verhalten eines Menschen allein erklären. Es sind immer sehr komplexe Bedingungen und Wechselwirkungen zu betrachten, so daß wir prinzipiell nur von einer mehr oder weniger großen *Mitschuld* des einzelnen sprechen können.
Personen, für die es Verzeihung oder gar Erlösung gibt, können positiver über Schuld nachdenken als andere.
Dennoch ist wohl jeder erregt, wenn er sich schuldig fühlt, beschuldigt wird oder andere beschuldigt, und bewältigt diese Aufregung auf seine Weise mehr oder weniger gut.

2. Schuld und Schuldgefühle unterscheiden!
„Schuld“ wird in der Philosophie, Theologie, Rechtsprechung und Psychologie sehr unterschiedlich verwendet.
– Theologen reden von **Sünde,** wenn sie einen mehr oder weniger verantwortlichen Verstoß gegen die göttliche Schöpfungsordnung meinen.

– Der Philosoph Martin Buber spricht von **authentischem Schuldgeschehen,** wenn durch persönliches Handeln wesentliche Werte verletzt werden. Er unterscheidet davon das subjektive **Schuldbewußtsein:** als persönliche Meinung über das Schuldgeschehen sowie als Deutung der Schuldgefühle.
– Unsere Rechtsprechung setzt ab einem gewissen Alter die Freiheit und Selbstbestimmung des Menschen voraus. Eine Person gilt als **schuldfähig,** wenn sie die Folgen ihres Tuns erkennen konnte, vorsätzlich oder grob fahrlässig handelte, und zur Tatzeit steuerungsfähig war. Sie gilt als vermindert schuldfähig bei bestimmten seelischen Erkrankungen, Übererregung oder auch Alkoholmißbrauch.
– Der Psychologe befaßt sich mit den Voraussetzungen für Schulderfahrungen, ihren Erscheinungsformen und Folgen. Wir schreiben uns oder anderen eine Mitschuld zu, wenn wir durch Handeln oder Unterlassen einen wichtigen Wert verletzt haben und anders hätten entscheiden können.
Die anschließende Schuldverarbeitung kann in zwei Richtungen mißlingen:
Durch Verharmlosung, Selbstentmündigung und Gegenvorwürfe leugnet man die eigene Mitverantwortung und wird im gefährlichen Sinne des Wortes schuldunfähig.
Durch unrealistische Selbstvorwürfe entwickelt sich ein neurotisches Schuldgefühl, das weder dem Betroffenen noch seiner Umwelt hilft.

3. Neurotische Schuldgefühle stören die Schuldverarbeitung

Wie bei Streß, Angst oder Ärger müssen wir auch hier zwischen neurotischen Schuldgefühlen und notwendiger Schuldverarbeitung unterscheiden.
Neurotische Schuldgefühle entstehen z. B. durch anerzogene Angst vor Liebesverlust. Dazu ein Beispiel:

Bettina wurde als fünfjährige von der Mutter bei Doktor-Spielen ‚ertappt'. Sie wurde ausgeschimpft, bekam eine Ohrfeige, wurde für zwei Stunden in den Schweinestall gesperrt und hatte dort große Angst vor den Spinnen und Ratten. Danach sprach die Mutter mehrere Tage nicht mit ihr.

Obwohl ihre Eltern längst verstorben sind und Bettina selbst zwei Kinder hat, empfindet sie Sexualität und Zärtlichkeit als schmutzig und fühlt sich dabei immer wieder irgendwie schuldig.

Neurotische Schuldgefühle sind entweder sachlich unbegründet, von blockierender Stärke und Dauer oder führen nicht zu konstruktiven Konsequenzen: **Ein schlechtes Gewissen, das Angst macht, ohne den Wunsch nach Verbesserung zu stärken, ist ein schlechtes Gewissen!** Wie jedes andere Gefühl, aus dem wir keine angemessenen Lern- und Handlungskonsequenzen ziehen, ist es eine kraftaufwendige Energieverschwendung mit unerwünschten Folgen. Übertriebene Selbstbezichtigung oder unberechtigte Vorwürfe treiben einige bis in den Selbstmord und andere zu sinnlosen oder grausamen Rachehandlungen. Schuldgefühle gegenüber Gott oder den Mitmenschen werden von manchen Eltern als Erziehungsmittel mißbraucht.

4. Die Kunst, unschuldig zu bleiben!

Ein bekannter Spruch lautet: ‚Wenn Du mit dem Finger auf andere Leute zeigst, vergiß nicht, daß drei Finger Deiner Hand auf Dich selbst gerichtet sind!'
Manche beherrschen perfekt die Kunst, unschuldig zu bleiben. Sie wirken auf sich selbst überzeugend:

Durch **falsche Beschuldigungen**

- „Das Kind war daran schuld, daß es geschlagen werden mußte."
- „Ein schlechter Autofahrer ‚zwang' uns, gefährlich zu überholen."
- „Die Frau ist an ihrer Vergewaltigung schuld."

Dabei spielt die Perspektive eine wesentliche Rolle. Als Täter erkennen wir vorwiegend äußere Ursachen und Zwänge und neigen – wie schon Adam im Paradies – zu Erklärungen und Entschuldigungen. Als Beobachter oder Opfer sehen wir die Ursachen hauptsächlich im Täter und können ihn leichter verurteilen.
Durch **beschönigende Vergleiche** wird die Kindesmißhandlung als ‚Erziehungsmaßnahme' und der Versicherungsbetrug als ‚persönliche Gewinnabschöpfung' moralisch gerechtfertigt.
Durch die **Leugnung oder Verharmlosung von Folgen** kann man die eigene Verantwortung vor und nach der Tat vernebeln. „Der Gegenverkehr mußte nur etwas bremsen. Der Bestohlene hat endlich Gelegenheit, sich etwas Neues zu kaufen, und das hebt ja den Umsatz."

Auch manche Psychologen leisten hier Schützenhilfe. Sie sehen den Menschen (und damit sich selbst!) nur als Marionette von Erbanlagen und Umwelteinflüssen. Um die Folgen neurotischer Schuldgefühle zu verhindern, verflüchtigen sie den persönlichen Schuldanteil und erfreuen sich als Verteidiger großer Beliebtheit!

Schulderfahrungen sind aber wesentlich für unsere Entwicklung und für das Zusammenleben in der Gemeinschaft. Viele von uns haben zurecht Angst vor Menschen, die schuldunfähig sind.

Personen neigen eher zu Straftaten,

- wenn ihnen grundlegende Werte fehlen (z. B. die Achtung der Gesundheit und Freiheit jedes Menschen) oder
- wenn sie Gewissensimpulse durch einfallsreiche Entschuldigungen außer Kraft setzen, oder aus anderen Gründen ihr Handeln nicht wertkonform steuern (können)!

5. Vier Schritte für eine wirksame Schuldverarbeitung

Wenn jemand die Folgen einer Tat beabsichtigt oder vorhersagen kann, dann hat er sie verursacht und ist dafür verantwortlich. Wer die Folgen seiner Tat nicht vorhersehen konnte, hat sie zwar verursacht, ist aber nicht dafür verantwortlich. Trotzdem sollte er durch wirksame Schuldverarbeitung daraus lernen!

Von **wirksamer Schuldverarbeitung** können wir sprechen,

- wenn sie unser Wertbewußtsein für alltägliches Handeln schärft,
- wenn wir uns ohne Selbstverachtung oder Selbsttäuschung von unseren Wertverletzungen distanzieren können und
- wenn wir zu Lern- und Handlungskonsequenzen kommen, um den entstandenen Schaden zu mildern und den geschädigten Wert künftig besser zu verwirklichen.

Die folgenden vier Schritte sind für wirksame Schuldverarbeitung besonders auch im zwischenmenschlichen Bereich wichtig:

a) Besinnung: Hier geht es darum, unser Erleben und Verhalten *in überschaubaren Zeiträumen und wichtigen Lebensbereichen* zu überprüfen, so daß **Sinnerfahrung** im Falle von Wertverwirklichung und **Schulderfahrung** im Falle von Wertverletzungen möglich wird.
Dieser Prozeß setzt Übung voraus und fällt schwer, wenn man nur negative Begriffe wie „Grübeln“ oder „Gewissensbisse bekommen“ dafür verwendet.
b) Bewertung: Hier geht es darum, die Ziele und Folgen von unserem Tun und Lassen nach verschiedenen Maßstäben bzw. Vorbildern einzuschätzen und unsere Mitverantwortung zu beurteilen. Wir müssen die Betroffenheit über Fehlentscheidungen zulassen und die Bereitschaft entwickeln, unser Handeln wieder wertbezogen auszurichten. Allerdings ist dazu eine **strikte Trennung zwischen Täter und Tat** erforderlich. Es geht darum, sich von Entscheidungen und Taten loszusagen und nicht darum, Selbstablehnung zu trainieren. Die Bewertung sollte also ein sachlicher, von wohlmeinenden Mitmenschen nachvollziehbarer Prozeß sein. Wenn man seine Tat am liebsten ungeschehen machen möchte, entsteht der Wunsch nach Verzeihung und Wiedergutmachung.
c) Verzeihung und Wiedergutmachung: Hier geht es um die Bewältigung der negativen Vergangenheit. Wenn die Bewertung zu einer persönlichen Schulderkenntnis geführt hat, entsteht das Bedürfnis, Verzeihung zu erbitten und den durch unser Tun und Lassen entstandenen Schaden zu mildern.
d) Vorsatz: Hier geht es um die Lernergebnisse für die Zukunft. Wer z. B. an einem Autounfall mitbeteiligt ist, weil er den Fahrer zu alkoholischen Getränken einlud, braucht sehr konkrete Einsichten, Vorsätze und Fähigkeiten, um künftig anders zu handeln.

Impulse: Wenden Sie diese Schritte auf eine problematische Situation der letzten Woche an. Welcher davon fällt Ihnen besonders schwer? Auf welchem Gebiet sollten Sie Ihre Schulderfahrung und -verarbeitung verbessern?

6. Ratschläge zum Umgang mit Werten und Schuld ausprobieren!

a) Über Werte und Schuld reden lernen

Unser Umgang mit Schuld kann überwiegend konstruktiv, nebenwirkungsreich oder schädigend sein. Zu seltene oder oberflächliche Schuldverarbeitung führt zu einer Ansammlung „unerledigter Geschäfte“. Diese belasten

unsere Beziehung zu uns selbst und zu unseren Mitmenschen oft gerade dann, wenn es darauf ankommt!
Wenn wir uns **nicht mehr um Schuldlosigkeit sondern um** wirksame Schuldverarbeitung und **wertbewußtes Leben bemühen,** dann fällt es etwas leichter, mit Vertrauten darüber zu reden. Gespräche über Schuldgefühle können dabei helfen, unrealistische Ideale als Selbstüberforderung aufzugeben, aber auch Verharmlosungen zu überwinden. Manche spüren dabei, wie sie durch Schweigen, Wegsehen und andere Unterlassungen schuldig werden und sich als Beobachter oder Opfer resignierend damit abgefunden haben. Einige erkennen auch die Kehrseiten ihrer guten Absichten: Der Fleiß im Beruf wird als Flucht vor den Eheproblemen deutlich. Andere machen die Erfahrung, wie wichtig eine regelmäßige Selbstbesinnung und Neuorientierung für sie ist (vgl. Impulse zur Selbstbesinnung)!

b) Sich auf Werte besinnen und Werterlebnisse aufsuchen
Werte sind in uns nur lebendig, wenn wir uns im Alltag über ihre Verwirklichung freuen und über ihre Verletzung ärgern, ängstigen oder schämen! Wer einige Wochen lang keine positiven oder negativen Werterfahrungen mehr machen konnte, sollte dem nachgehen, bevor er sich daran gewöhnt.
Auch im Umgang mit Werten und Schuld ist Vorbeugen besser als Heilen! Wir sollten daher hin und wieder unsere Wertvorstellungen präzisieren. Für jede Wertvorstellung gibt es ja positive und negative Alternativen: Mut kann genauso wertvoll sein wie Vorsicht! Beide Werte haben eine Grenze. Wann wird der Vorsichtige feige oder der Mutige waghalsig? Welche positiven und negativen Vorbilder für Mut, Vorsicht, Feigheit oder Waghalsigkeit haben Sie in letzter Zeit erlebt? Welcher Wert ist für Sie so wichtig und lebendig, daß Sie sofort erkennen, wenn Sie sich für ihn einsetzen oder ihn verletzen. Wo fängt Ihr Einsatz dafür an, wo hört er guten Gewissens auf?
Eine solche Besinnung bleibt theoretisch und blaß ohne konkrete Erfahrungen, die Sie aufsuchen, herstellen oder passiv erleben. Ein Blick in die Nachrichten oder die Nachbarschaft kann unser Wertbewußtsein und die Bereitschaft, wertvoll zu handeln, durch anschauliche Erlebnisse stärken.

c) Das Gute möglich machen

„Das Gute, dieser Satz steht fest, ist stets das Böse, das man läßt." Dieser Satz von Wilhelm Busch wird von vielen Menschen benutzt, um ihre Schulderfahrung in Grenzen zu halten: Ich bin kein Mörder oder Dieb. Also bin ich ein guter Mensch. So wird das Gewissen zum sanften Ruhekissen.

Wer mehr aus seinem Leben machen will, möchte nicht nur gut schlafen. Er dreht diesen Satz um: „Das Böse, dieser Satz steht fest, ist stets das Gute, das man läßt." Dieses Lebensprogramm ist mitreißender, kann uns allerdings auch sehr überfordern. Prüfen Sie, von welcher dieser Anschauungen Sie ausgehen! Für manche kommt es darauf an, in bestimmten Lebensbereichen **wieder schuldfähig** zu **werden,** im Umgang mit der eigenen Gesundheit, Freizeit, Bildung, mit Kindern, Partnern, Kollegen ... Sie müßten auf diesen Gebieten wieder Gütemaßstäbe haben, die Sie erreichen oder verletzen können!

d) Ansprüche und Möglichkeiten richtig einschätzen!

Manche leiden unter Schuldgefühlen, weil sie sich selbst überfordern durch zu hohe und zu viele Ideale oder ihre Einflußmöglichkeiten überschätzen. Bei Schuldgefühlen sollten wir unsere Ansprüche und unsere Möglichkeiten überprüfen. Wir können uns da einiges vormachen! Die einen freuen sich an ihren Idealen und sehen ‚leider Gottes' keine Einflußmöglichkeiten: „Es tut mir ja sehr leid, es wäre so wichtig gewesen, aber leider mußte ich, konnte ich nicht ..." Sie lassen sich das von anderen bestätigen und tun ihnen gern den gleichen Dienst! Verantwortliche Gespräche über die eigenen Ansprüche und Möglichkeiten sind wichtiger als freundschaftliche Spiele mit diesem lebenswichtigen Grundgefühl!

e) Mut zur Auseinandersetzung mit Schuld

Manche blockieren jede Gelegenheit zur Besinnung mit Unterhaltung oder Arbeit. Den leisesten Anflug eines Schuldgefühls beantworten sie mit aufwendigen Erklärungen, Entschuldigungen usw. Von solchen gedanklichen Betäubungsmitteln kann man leicht abhängig werden!

„*Ich sollte* mich eigentlich um mein Kind kümmern, *aber*..."

„Ich möchte Zeitung lesen, mich politisch engagieren, *aber*..."
So verhindern manche schon einen guten Vorsatz, während andere sich an ihren guten Absichten berauschen, ohne sie in die Tat umzusetzen: *„Ab jetzt* werde ich ...
Wer seine Schuld anerkennt, braucht sich nicht mehr in Selbstvorwürfe zu verstricken, sich abzulenken oder mit Entschuldigungen Handlungskonsequenzen vermeiden. Er wird dann auch die Schuld anderer in Ruhe besprechen können und nicht verharmlosen oder dramatisieren.

f) Mit Verzeihung bewußter umgehen
Christen sprechen in diesem Zusammenhang von göttlicher Vergebung und mitmenschlichem Verzeihen. Vergebung ist uns zugesagt, wenn wir schuldhafte Taten bereuen, Verzeihung erbitten und unseren Mitmenschen gewähren. Die Verzeihung für uns und andere sollte nicht zur Verharmlosung der Taten oder zur Verurteilung des Täters führen.
Verzeihung kann man erbitten und gewähren, zu früh oder zu spät, ernsthaft, ohne Engagement oder ironisch. Man kann auch jemanden auffordern, sich um Verzeihung zu bemühen. Es gibt wohl wenig gute Modelle für den Umgang mit Verzeihung, so daß weder die schuldhafte Tat verharmlost noch der Täter verurteilt wird. Wann haben Sie in letzter Zeit glaubhaft um Verzeihung gebeten bzw. Verzeihung gewährt. Kennen Sie Probleme, die Sie durch Verzeihung endlich abschließen sollten?

g) Dem Dasein etwas schulden
Die Vertreter der Daseinsanalyse haben eine ganz mitreißende Auffassung von Schuld. Für sie schuldet der Mensch seinem Dasein etwas: die nie abgeschlossene Entfaltung seiner Lebensmöglichkeiten! Man kann sich das anschaulich vorstellen, wenn man an verstorbene oder nie geborene Menschen denkt. Ihnen fehlt die Möglichkeit, mehr aus ihrem Leben zu machen! Unsere Entwicklungschancen sind als Gabe und Aufgabe immer größer als das schon Erreichte! Dieser Gedanke sollte uns Mut machen, mit liebevoller Sorgfalt die wichtigsten Entwicklungsschritte zu gehen!

5.9 Impulse zum Umgang mit menschlichen Beziehungen

Wir sitzen alle in einem Boot,
nur einige müssen rudern,
andere bestimmen den Kurs,
und viele lassen sich fahren!

1. Keiner überlebt alleine!
Menschen sind als soziale Wesen aufeinander angewiesen. Wir brauchen die Zuwendung, Anerkennung und Anregung unserer Mitmenschen für unseren Lebensmut, die Selbstachtung und die Bewältigung unserer Lebensaufgaben.
Viele benutzen menschliche Beziehungen wie ihren Körper oder ihr Fahrrad als Instrumente, die man von Zeit zu Zeit reparieren oder austauschen kann. Wir ‚haben' aber nicht unseren Körper und unsere sozialen Beziehungen, so wie wir ein Fahrrad besitzen.
Wir **sind** unser Körper und **sind** eine Lebens- und Schicksalsgemeinschaft in unserer Umwelt. Wir sind auf Mitmenschen ebenso angewiesen, wie auf unseren Körper und die Natur. ‚Tödliches Schweigen' oder ‚wie Luft' behandelt werden, fürchten viele mehr als Streit oder Ohrfeigen!

2. Gemeinschaft lebt vom Wünschen, Geben und Empfangen!
Die Schicksalsgemeinschaft mit uns selbst und unseren Mitmenschen lebt von Wünschen oder Forderungen, vom Geben und Empfangen.
Nach unseren Gewohnheiten und Ansprüchen können wir uns und andere überfordern oder unterfordern, verwöhnen oder überlasten. Die (Selbst)Verwöhnung schädigt unsere Entwicklungsmöglichkeiten nachhaltiger als eine begrenzte Überforderung! Förderung durch Forderung ist eine wichtige Kunst im Umgang mit uns selbst und anderen!
Bei unseren zwischenmenschlichen Beziehungen ist es so wie mit unserem Körper: Wer überfordert wird oder sich zuviel, zu einseitig oder zuwenig zumutet, schwächt seine Lebenskraft. Er treibt Raubbau an sich oder seinen Beziehungen und vergiftet sich bzw. andere durch Kritik und Unzufriedenheit.
Andere geben zuwenig. Sie halten lieber die Hand auf und fragen: Was habe ich davon? Was kannst Du mir bieten? Sie sind

körperlich und zwischenmenschlich ‚gefräßig' in ihren Ansprüchen nach Wohlergehen und Zuwendung und schwächen sich auf diese Weise.

Impulse: Überprüfen Sie an zwei wichtigen Beziehungen, ob Sie von sich oder dem anderen eher zuviel oder zuwenig fordern, ob Sie zuviel oder zuwenig geben oder empfangen? Was könnten Sie verbessern?

3. Sechs wichtige Funktionen im Bekanntenkreis

Unsere Vertrauten und Bekannten können eine Quelle großer Belastung oder Hilfe sein. Das merken wir nicht nur in kritischen Situationen. Jeder von uns braucht nach Aronson u.a. (1983) seinen Bekanntenkreis als ‚soziales Stützsystem'. Sechs wichtige Funktionen können Freunde und Bekannte füreinander erfüllen: sich zuhören, sachlich oder emotional anerkennen und herausfordern sowie gemeinsame Erfahrungen vergleichen. Welche davon sollten Sie bewußter suchen, annehmen oder vermitteln?

a) Offen reden und aktiv zuhören

Geteiltes Leid ist halbes Leid, geteilte Freude ist doppelte Freude. Bei wichtigen Problemen brauchen wir Menschen, die uns verstehen, ohne uns gleich zu berurteilen. Schlechte Zuhörer reden zuviel von sich selbst oder belehren nur: ‚Du hast gar keinen Grund zu klagen, es gibt viel Schlimmeres ... Du mußt dich einfach nur zusammenreißen!' Das wirkt weder ermutigend noch entlastend.
Wie steht es bei Ihnen mit offenen Gesprächen und aktivem Zuhören? Nutzen Sie genügend Gelegenheiten oder sollten Sie sie bewußter suchen bzw. anbieten?

b) Sachliche Anerkennung suchen, nutzen und vermitteln

Sachliche Anerkennung wirkt ermutigend, wenn sie von einem erfahrenen Fachmann kommt, den wir für ehrlich halten. Hausfrauliche Arbeiten können am besten von Hausfrauen bewertet werden, berufliche Leistungen von Berufskollegen usw.

Sachliche Anerkennung innerhalb einer Partnerschaft ist also nur bei gemeinsamer Sachkompetenz wirkungsvoll!
Möchten Sie sachliche Anerkennung stärker erbitten, nutzen oder vermitteln?

c) Sachliche Herausforderung suchen, nutzen und anbieten
Der Kontakt mit Sachkennern bewahrt vor Routine und ermutigt uns, Neues zu probieren. Es ist schwer, sich gegenseitig herauszufordern, ohne dabei in Konkurrenzkampf zu geraten!
Möchten Sie sachliche Herausforderung stärker erbitten, nutzen oder anbieten?

d) Emotionale Unterstützung suchen, nutzen und anbieten
Manchmal brauchen wir Menschen, die fühlbar zu uns stehen, auch wenn sie anderer Meinung sind. Dazu brauchen wir keine Fachkenntnisse, sondern die Achtung vor dem anderen, unabhängig von seiner Position, Leistung und augenblicklichen Nützlichkeit, ja sogar unabhängig von der eigenen schlechten Laune.
Möchten Sie emotionale Unterstüzung häufiger erbitten, nutzen oder anbieten?

e) Emotionale Herausforderung suchen, nutzen oder anbieten
Nur Freunde im engeren Sinne können sich emotional herausfordern durch freundschaftliche Kritik. Ein Vertrauter kann vorgebrachte Erklärungen und Entschuldigungen in Frage stellen, z. B.: ‚Stimmt das wirklich? Wem nützt und schadet das, wenn Du so denkst ... ?'
Wer fordert Sie emotional heraus und wem könnten Sie diesen Dienst leisten? Was fällt Ihnen schwerer, emotionale Herausforderungen zu suchen, anzunehmen oder auszudrücken?

f) Gemeinsame Erfahrungen vergleichen
Von Mitmenschen, die unter ähnlichen Bedingungen wie wir leben, können wir viel lernen! Sie haben ihre persönliche Art, die Wirklichkeit zu erleben und mitzugestalten. Der Arbeitslose kann z. B. von Leidensgefährten erfahren, wie andere mit seinen Schwierigkeiten fertig werden. Durch die Einsicht in

die gemeinsame Lage kann man private Einflußmöglichkeiten und übergreifende Bedingungen besser unterscheiden. Man gewinnt Sicherheit und Entschiedenheit, das Mögliche zu tun, aber auch Impulse für neue Sichtweisen.
Wer hat ähnliche Aufgaben wie Sie, so daß sich ein Vergleich Ihrer Erfahrungen lohnt? Wem können Sie diesen Dienst leisten?
Diese sechs Funktionen können nicht von ein- und derselben Person geleistet werden! Sie sind wichtig als Schutz gegen Streß und Depressionen, gegen Über- und Unterforderung!

ÜBUNG 52:
Entwicklungsaufgaben im Bekanntenkreis (15′)

Welches sind Ihre wichtigsten Gesprächspartner:
a) Vertraute: ...
b) Freunde: ...
c) Bekannte: ...
Welche dieser Hilfen suchen, geben oder empfangen Sie ausreichend? Um welche sollten Sie sich kümmern?

Tabelle 13:
Hilfen suchen, geben und empfangen (Aronson u.a. 1983)

Hilfen:	suchen		geben		empfangen	
ausreichend?	ja	nein	ja	nein	ja	nein
offen reden, aktiv zuhören						
sachlich anerkennen						
sachlich herausfordern						
emotional unterstützen						
emotional herausfordern						
Erfahrungen vergleichen						

Welche Veränderungen im Umgang mit anderen streben Sie an? Möchten Sie mehr Kontakte oder sich auf wichtige konzentrieren, Nähe suchen und zulassen oder Distanz gewinnen, aktiver werden oder andere aktivieren, zurückhaltender oder offener sein, mehr anerkennen oder deutlicher kritisieren?

4. Prüflisten für wichtige Beziehungen

Im Umgang mit Mitmenschen sammeln wir entweder „Zinsen", auf Vorrat oder machen „Schulden". Meist erhalten wir die Rechnung dafür zu einem ungünstigen Zeitpunkt.

Viele lassen ihre Autos regelmäßig nach bestimmten Vorschriften warten, um teure Reparaturen und Ausfälle zu vermeiden. Um so mehr sollten wir wichtige Beziehungen periodisch überprüfen, um Entwicklungschancen zu nutzen und Belastungen frühzeitig zu überwinden. Nutzen Sie die Prüflisten als eine Art „Wartungsanleitung" für Ihre wichtigsten Beziehungen!

a) ÜBUNG 53:
Gesprächsthemen überprüfen (20′)

Beantworten Sie die Fragen für sich selbst und Ihren Partner. Vergleichen Sie anschließend Ihre Antworten, um zu erkennen, worüber Sie mehr miteinander reden sollten!

1. Worüber haben Sie sich in den letzten vier Wochen besonders gefreut?
   - Meine Antwort: ...
   - Mein Partner antwortet vermutlich: ...
2. Worüber haben Sie sich in den letzten vier Wochen besonders geärgert?
   - Meine Antwort: ...
   - Mein Partner antwortet vermutlich: ...
3. Was hätte ich mir in dieser Zeit von meinem Partner gewünscht?
   - Meine Antwort: ...
   - Mein Partner antwortet vermutlich: ...
4. Woran erkenne ich, daß mein Partner froh, müde oder ärgerlich ist?
   - Meine Antwort: ...
   - Mein Partner antwortet vermutlich: ...
5. Wie könnte ich meinem Partner heute oder morgen eine Freude bereiten?
   - Meine Antwort: ...
   - Mein Partner antwortet vermutlich: ...
6. Wie könnte ich meinen Partner heute oder morgen ärgern?
   - Meine Antwort: ...
   - Mein Partner antwortet vermutlich: ...

b) ÜBUNG 54:
Freude mit und ohne Partner überprüfen (15′)

Vier Formen von Freude sind für jede Partnerschaft wichtig: Die Freude am eigenen Tun, am gemeinsamen Tun, am Schenken und am Beschenkt-Werden. Wovon konnten Sie und Ihr Partner in der vergangenen Woche zehren?

Freude am eigenen Tun: Gemeint sind Tätigkeiten, die Sie ohne Mitwirkung Ihres Partners vollziehen, z. B. Beruf, Freizeitgestaltung, Hobbies, Sport ... Wer zuviel bzw. zuwenig Freude aus eigenem Tun schöpft, ist zuwenig bzw. zuviel auf seine Partnerschaft angewiesen!
- Meine Freude am eigenen Tun: ...
- Mein Partner antwortet vermutlich: ...

Freude am gemeinsamen Tun: Gemeint sind schöne Erfahrungen, die Sie mit Ihrem Partner erleben, z. B. Hobbies, gemeinsame Aufgaben, Besuche ... Wer zuwenig bzw. zuviel Freude aus dem gemeinsamen Tun schöpft, macht sich zu stark vom täglichen Gelingen der Partnerschaft abhängig oder lebt von der Beziehung zu anderen Menschen und Aufgaben!
- Meine Freude am gemeinsamen Tun: ...
- Mein Partner antwortet vermutlich: ...

Freude am Schenken: Gemeint sind hier Tätigkeiten, die Sie mehr für Ihren Partner als für sich selbst tun. Eine Eigenart ertragen, eine Überraschung bereiten, zuhören, helfen ... Wer zu selten oder zu häufig Freude am Schenken erlebt, ist der eindeutige Verlierer bzw. Sieger in seiner Partnerschaft. Der Verlierer kann aber auf die Dauer kein guter Partner sein.
- Meine Geschenke: ...
- Mein Partner antwortet vermutlich: ...

Freude am Beschenkt-Werden: Gemeint sind hier Ereignisse, bei denen Sie sich verwöhnen lassen, ohne direkte Gegenleistung z. B. Wünsche äußern, sich helfen lassen, sich bedienen lassen, ... Wer zu selten Freude am Beschenkt-Werden erlebt, kennt seine Wünsche nicht, äußert sie undeutlich oder gibt dem Partner wenig Chancen, liebenswerter zu werden. Der andere lebt zu sehr auf Kosten seines Partners.
- Geschenke, an denen ich mich freuen konnte: ...
- Geschenke, an denen sich mein Partner freuen konnte: ...

Sprechen Sie über die Antworten miteinander und suchen Sie nach Impulsen für Ihre Partnerschaft in den nächsten Wochen!

c) ÜBUNG 55:
Annonce für (m)einen Vertreter (15′)

Manchmal haben wir falsche Vorstellungen von dem, was wir als Ehepartner oder Berufskollege wirklich tun und lassen. Diese Übung kann uns dafür den Blick schärfen:
Stellen Sie sich vor, daß Sie für sich selbst einen Stellvertreter brauchen, weil Sie für längere Zeit verreisen. Formulieren Sie dafür eine Annonce. Ihr Stellvertreter soll nicht mehr und nicht weniger tun als Sie in den letzten vier Wochen getan bzw. unterlassen haben! Fordern Sie von ihm entsprechende Fähigkeiten, z.B. Ich suche einen Ersatz-Ehemann, der sich morgens (wie ich) mit der Zeitung an den Tisch setzen kann, ohne mit meiner Frau zu sprechen; der (wie ich) mindestens dreimal wöchentlich Überstunden macht ...
Wie sieht die entsprechende Annonce für Ihren Partner aus, falls dieser für vier Wochen verreist? Die Anzeige soll wieder nur Verhaltensweisen nennen die tatsächlich erfüllt bzw. unterlassen wurden!
Wie sieht eine Annonce aus, in der Sie sich als Partner empfehlen mit dem, was Sie gern in eine Beziehung einbringen möchten, selbst wenn Sie es bisher nicht getan haben?
Wie sieht eine Annonce aus, wenn Sie einen realistischen Wunschpartner suchen? Möchten Sie wirklich ein Kind bzw. einen Partner, der sich immer nach Ihnen richtet ...?

d) ÜBUNG 56:
Prüfliste für wichtige Verhaltensweisen in dieser Woche (15′)

Geben Sie sich Zensuren für folgende Verhaltensweisen:

Zensur für mich	*Verhaltensweise*	*Zensur für meinen Partner*
	Anerkennung äußern	
	Dank annehmen	
	kritisieren	
	Kritik annehmen	
	Kritik erfragen	
	sich entschuldigen	
	Wünsche deutlich anmelden	
	Wünsche erfragen	
	Sorgen und Stimmungen mitteilen	
	Sorgen und Stimmungen erfragen	

Verbessern Sie jeder eine Verhaltensweise in der kommenden Woche.

e) Prüfliste für Verletzungen in der Partnerschaft

Manche Partner verschweigen, wie sehr sie sich von bestimmten Verhaltensweisen verletzt fühlen, damit der andere seine Macht nicht noch gezielter einsetzen kann. So weiß keiner genau, welches seine häufigsten und schmerzhaftesten Waffen sind.

ÜBUNG 57:
Zwischenmenschlicher Abrüstungsvertrag (15′)

1. Womit habe ich dich in der letzten Woche verletzt?
   Verhaltensweisen:
   Häufigkeit:
   Stärke (wenig/ziemlich/stark):
2. Womit hast Du mich in der letzten Woche verletzt?
   Verhaltensweisen:
   Häufigkeit:
   Stärke (wenig/ziemlich/stark):
3. Ich will in der kommenden Woche verzichten auf ...
4. Welche positiven und negativen Folgen hat das vermutlich?
5. Verzichte du bitte auf ...
6. Mit welchen Folgen rechnest Du dabei?

Diese Prüflisten sind sicher anregend für die Verbesserung Ihrer Partnerschaft und für Beziehungsgespräche.

5. Überzeugend Anerkennen ist eine Kunst!

Im Umgang mit anderen verwechseln wir leicht unsere guten Absichten mit den tatsächlich erzielten Wirkungen.

Wir wollten anerkennen, und der andere fühlt sich peinlich berührt. Eine Kritik sollte uns helfen, aber wir fühlen uns zutiefst verletzt. Betrachten Sie einige Regeln für den Umgang mit Anerkennung und suchen Sie dafür Beispiele aus der eigenen Erfahrung!

- Man kann nicht jeden Menschen wirksam loben! Wer uns ablehnt, der faßt unsere Anerkennung negativ auf. Ein Lob von Gegnern ist eine Strafe!
- Ein Lob muß von Herzen kommen. Sonst wird es als unglaubwürdiger Trick durchschaut. Was die Stimme nicht verrät, das sagt der Blick ...

- Die Anerkennung darf keine versteckte Kritik enthalten, z. B.: ,Na endlich! Wenigstens heute hast Du Dir den Hals gewaschen!
- Die Anerkennung muß für den Gelobten nachvollziehbar sein. Wer etwas selbst nicht gut oder bemerkenswert findet, kann dafür nicht wirkungsvoll gelobt werden.
- Das Lob darf für den Gelobten keine Nachteile mit sich bringen, z. B.: „Sie haben so eine schöne Schrift. Sie schreiben das Protokoll!“
- Manchmal ist die Situation für eine wirksame Anerkennung ungeeignet. Das öffentliche Lob vor Kollegen oder Mitschülern erweckt vielleicht die Angst vor Neid und Rache. Die stille Anerkennung ist ein Ärgernis, wenn man öffentliche Untersützung benötigt.
- Abgedroschene Formulierungen, die dem tatsächlichen Verhalten widersprechen, werden als verlogen abgelehnt. Was hat jemand von einem Lob, wenn wir nie Zeit für ihn haben, wenn er uns braucht?
- Geschenke, die man nicht haben will, sind ein Ärgernis, besonders wenn man Wünsche geäußert hat, die gezielt überhört wurden!

Impulse: Wen könnten Sie in der kommenden Woche glaubhafter anerkennen? Welche Unarten im Umgang mit Anerkennung erleben Sie bzw. passieren Ihnen häufiger?

6. Positiv umgehen mit Kritik und Streit

a) Wirksam kritisieren ist eine Kunst!

Kritisieren ist so wichtig wie regelmäßiges Unkrautjäten. Wer Angst davor hat, der verwechselt den Feuermelder mit dem Feuer. Kritik gelingt, wenn man sich seine Schuld selbst nehmen kann, oder sie mißrät zu einem Streit, wer von wem zu lernen hat. Probieren Sie einige Vorschläge, um möglichst lernwirksam zu kritisieren, denn keiner ist auf der Welt, nur um zu leben, wie andere ihn haben wollen!

- Kritisiere so, wie Du kritisiert werden möchtest!
- Wirksame Kritik ist abhängig vom Ort, Zeitpunkt und der Aufnahmebereitschaft der Beteiligten. Wenn man zu sehr betroffen ist, kann man das mitteilen und sollte einen besseren Zeitpunkt für die Aussprache wählen.
- Unterscheide zwischen dem aktuellen Ärgeranlaß und den langfristigen, tieferen Ursachen. Beides sollte zur Sprache kommen!

- Kritisiere kurz, nur zu einem Thema und gib dem Partner Zeit, in Ruhe darauf einzugehen! **Statt:** „In dieser Woche ist es aber furchtbar mit dir: erstens ..., zweitens ... und dann noch ...!" **Vielleicht:** „Mich ärgert, daß Du heute x getan hast!"
- Ersetze Vorwürfe und Ironie durch positive Verhaltensvorschläge! **Statt:** „Sei doch nicht so stur!" **Vielleicht:** „Sag' mir mal, was Du dazu denkst!"
- Ersetze negative Behauptungen durch positive Eindrücke. **Statt:** „Rede nicht so dumm! Du bist unverschämt faul!" **Vielleicht:** „Wenn Du so redest ärgert mich das, denn ich glaube, du kannst es wesentlich besser!"
- Ersetze allgemeine Urteile und Bewertungen durch persönliche Stellungnahmen. **Statt:** „Das ist unbedingt erforderlich und darf auf keinen Fall anders gemacht werden!" **Vielleicht:** „Ich finde es so am besten, weil ...!"
- Kritisiere Verhaltensweisen und nicht Eigenschaften. **Statt:** „Du bist unehrlich!" **Vielleicht:** „Ich möchte, daß Du mir auch negative Dinge sagst!"
- Ersetze allgemeine Behauptungen, wie z. B. „man", „dauernd", „immer", „nie" ..., die oft zum Widerspruch reizen, durch konkrete Einzelfälle. **Statt:** „Sie sind immer so aggressiv!" **Vielleicht:** „Ich möchte ausreden, bitte unterbrechen Sie mich jetzt nicht!"
- Nutze Gelegenheiten, um Zustimmung zu äußern, damit die notwendige Kritik auf einen guten Boden fällt!

b) Kritik abwehren oder verarbeiten

Mit Kritik und Schuldgefühlen können wir ganz verschieden umgehen. Man kann sie abwehren oder sich damit auseinandersetzen. Folgende Methoden sind weit verbreitet und nebenwirkungsreich!

- Bagatellisieren: Das kann schließlich jedem mal passieren!
- Schuld ungeprüft auf die Umstände oder andere Personen abschieben.
- Erklärungen geben statt sich in Frage zu stellen: Das war so, weil ...
- Entschuldigen statt zu handeln: Jetzt kann ich es leider nicht ändern.
- Gegenvorwürfe: Du bist auch kein Engel! Wenn Du nur ..., dann würde ich
- Unverbindliche Versprechen: Beim nächsten Mal denke ich daran.
- Gute Absicht beteuern: Ich habe das nicht so gemeint ...
- Vergleiche mit anderen: Die meisten haben, denken, tun ...
- Verallgemeinerungen reizen zum Widerspruch: Immer, nie ...

- Prinzipien vorhalten: Wenn das alle machen ...
- Wünsche und Gefühle entwerten: Dazu hast Du gar keinen Grund.
- Absichten unterstellen, Gedanken lesen: Du willst doch bloß ...
- Inkonsequenz vorwerfen: Du sagst doch sonst immer ...
- Killersätze: Auf keinen Fall ..., Das klappt nie! Mit mir nicht!
- Überhäufen, unterbrechen, Monologe halten.
- Ausweichen: Wie soll das später werden, wenn Du jetzt schon ...
- Wünsche hinter Fragen verstecken oder durch Befehle ersetzen.
- Ironie: Ach ja, ich bin das Ungeheuer, und Du bist zu bedauern ...

Unterschiedliche Meinungen sind ein Anlaß um Standpunkte zu klären. Schweigen ist nicht immer der bessere Weg, streiten kann verbinden!

Impulse: Von welcher Person haben Sie in letzter Zeit eine Kritik erhalten und ernstgenommen? Fehlt Ihnen eher ein kritischer Partner oder die Bereitschaft, seine Meinung ernsthaft zu bedenken? Welche Art von Kritik trifft Sie nach Form und Inhalt besonders? Vor wem fühlen Sie sich besonders leicht schuldig? Welche dieser Strategien verwenden oder erleben Sie häufig? Sprechen Sie solche Wendungen mehrfach hintereinander, damit Sie sie beim nächsten Mal schneller erkennen und vielleicht überwinden können.
Vereinbaren Sie mit Ihrem Partner, bestimmte Streitformen zu vermeiden! Versuchen Sie zuzuhören, Gemeinsamkeiten zu betonen, bevor es um die Unterschiede geht, die Kritik mit eigenen Worten zu wiederholen, sich deutlich den eigenen Schuldanteil zu nehmen und schnelle Wortwechsel durch Denkpausen zu entschärfen.

7. Mit neuen Augen sehen lernen!

a) Absichten und Wirkungen erfragen und mitteilen

Wenn wir von jemandem eine feste Meinung haben, halten wir alles für typisch, was damit übereinstimmt und alles andere für untypisch. Wir glauben zu wissen, was er mit seinem Verhalten bezweckt. Absichten und Wirkungen sollte man aber möglichst erfragen bzw. mitteilen und nicht vermuten! Überlegen

Sie für eine unangenehme Verhaltensweise eines Mitmenschen möglichst viele positive und negative Absichten und Wirkungen, z. B.:

Verhalten:	Ein Kind räumt nicht auf.
Absicht:	Es möchte
	1. schnell zum Essen kommen
	2. hinterher weiterspielen
	3. die Sachen für den Bruder stehen lassen
	4. die Mutter ärgern
Wirkungen:	– die Mutter schämt sich vor einem Besucher
	– sie bemerkt es gar nicht
	– sie ärgert sich ...

Überlegen Sie für eigene und fremde Verhaltensweisen verschiedene Beweggründe und Wirkungen, solche, die Sie akzeptieren und solche, die Sie ärgern.

positive und negative Absichten	Verhaltensweisen	positive und negative Wirkungen
	– nicht anrufen	
	– um Geld bitten	
	– Besuch verschieben	

b) Für einen Wunsch mehrere Lösungen finden
Wünsche sind da. Sie fragen nicht um Erlaubnis, wenn sie sich melden. Statt einen Wunsch zu leugnen oder sich ausreden zu lassen, kann man nach kompromißfähigen Lösungen suchen.

Wunsch:	Ich möchte häufiger mit dir allein sein!
Lösungen:	1. gemeinsam spazieren gehen
	2. Einladungen absagen
	3. seltener fernsehen
	4. gemeinsam Essen gehen ...

Finden Sie zu einem Wunsch Ihres Partners und zu einem eigenen möglichst viele verschiedene Lösungen!

8. Konflikte regeln ohne Sieger und Besiegte
Th. Gordon (1972) schlägt fünf Schritte vor, um häufig auftretende Konflikte partnerschaflich zu lösen.

a) Gesprächstermin über das gemeinsame Problem vereinbaren.
b) Beide formulieren statt Vorwürfen eigene Bedürfnisse, die der andere mit seinen Worten nachempfinden soll.
c) Beide sammeln mehrere Lösungsvorschläge, ohne zu bewerten.
d) Beide streichen Vorschläge, die für einen unannehmbar sind, und suchen neue, falls nicht mindestens zwei übrig bleiben, damit jeder wenigstens einen Wunsch des anderen erfüllt.
e) Probezeit und Termin für Bewährungskontrolle vereinbaren.

Abbildung 11: Schritte einer partnerschaftlichen Konfliktlösung

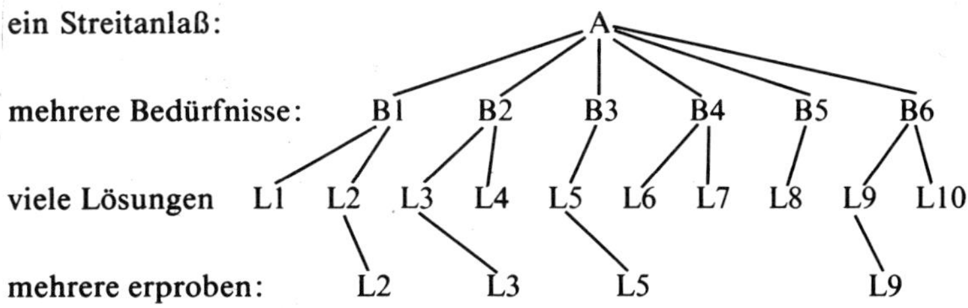

Dafür ein Beispiel:

Streitanlaß:	Der Mann verbringt nach der Arbeit die meiste Zeit vor dem Fernseher.
Seine Bedürfnisse:	Ich möchte zur Ruhe kommen. Ich möchte die Nachrichten hören. Ich möchte nicht gleich als Erzieher fungieren.
Ihre Bedürfnisse:	Ich brauche Entlastung bei den Kindern. Ich möchte mehr mit dir reden und tun. Ich möchte mehr beachtet werden.
Lösungen:	Spätnachrichten sehen, Entspannen durch einen Spaziergang, Er bringt zweimal pro Woche die Kinder ins Bett, Nach dem Abendbrot eine gemeinsame Stunde, Eine Hausarbeit nach Wahl übernehmen, Ein Theaterabonnement ...

Statt einer Lösung für den siegreichen Partner werden mehrere für beide gleichzeitig ausprobiert.

5.10 Weiterführende Hinweise

Sie kennen nun Entwicklungsimpulse für verschiedene Gebiete und können hin und wieder einige durchführen oder wiederholen. Manche sind für Sie anregend, andere unergiebig oder hinderlich. Jeder muß den eigenen Weg finden und gehen! Überreden Sie weder sich noch andere, bestimmte Übungen unbedingt zu machen. Wählen Sie Impulse, die Sie wichtig finden und sich zutrauen!

Wer sich mit einem Gebiet intensiver befassen möchte, findet im Literaturverzeichnis geeignete Titel mit einem Stern (*) gekennzeichnet. Die psychologischen Grundlagen zur Selbstentwicklung finden theoretisch interessierte Leser bei Sieland (1986, 1988).

Wer mehr aus seinem Leben machen möchte, benötigt dabei manchmal fachlichen Rat von Ärzten, Seelsorgern, Psychologen, Juristen, Politikern, Kreditsachverständigen usw. Menschliche Probleme haben viele Seiten, nicht nur eine psychologische! Es ist daher gefährlich, sie mit der Brille nur eines Ratgebers zu sehen, besonders, wenn wir ihn als ‚Rechtgeber' ausgewählt haben!

Außerdem ist unser Handlungsspielraum nicht immer groß genug. Manche Probleme können wir aus eigener Kraft lösen, andere nur mit Beistand. Einige Belastungen können wir nur bejahend oder ablehnend durchleiden. Ziehen Sie in solchen Fällen die notwendigen Fachleute zu Rate. Durch schlichtes Älterwerden lösen sich nur wenige Probleme. Wenn es in Ihrem Keller nach Gas riecht, warten Sie auch nicht darauf, was weiter passieren wird oder machen sich als Hobby-Bastler alleine an die Arbeit.

Bleiben wir realistisch. Hin und wieder können wir durch Impulse manches erfahren und erreichen, was sonst verbleibt. Welche Anregung brauchen Sie zur Zeit: mehr oder weniger tun, Hilfe suchen oder sich besinnen? Zu Eifrige sollten bedenken:

> *„Du bist zu schnell gelaufen für dein Glück.*
> *Nun, da du müde wirst und langsam gehst,*
> *holt es dich ein.* F. Nietzsche

Anhang

Es gibt nichts Gutes
außer man tut es!
E. Kästner

Verzeichnis der Übungen

Literaturverzeichnis

Aronson, E., Pines, A.M., Kafry, D.(1983). *Ausgebrannt. Vom Überdruß zur Selbstentfaltung.* Stuttgart: Klett-Cotta

Cohn, R.(1974). *Von der Psychoanalyse zur themenzentrierten Interaktion.* Stuttgart: Klett-Cotta.

Ellis, A.(1977). Die rational-emotive Therapie. München: Pfeiffer.

Ellis, A.(1987). *Wut. Die Kunst, sich richtig zu ärgern.* München: Goldmann.

Gordon, Th (1972). *Familienkonferenz.* Hamburg: Hoffmann & Campe.

Hirt, J. (1980). *Die Hirt-Methode.* Fernkurs (17.Aufl.). Zürich: Institut für optimale Arbeits- und Lebensgestaltung.

Kelly, G.A. (1954). *The Psychology of Personal Constructs.* New York: Northon.

Lazarus, A.u. Fay, A. (1982^5). *Ich kann, wenn ich will .* Stuttgart: Klett-Cotta.

Lazarus, R.S.(1981).Streß und Streßbewältigung - Ein Paradigma. In: Filipp, S.H. (Hg.). *Kritische Lebensereignisse.* München: Urban & Schwarzenberg, S. 198-232

Lukas, E. (1994) *Auch dein Leiden hat Sinn.* Freiburg: Herder.

Meichenbaum, D.W. (1979). *Kognitive Verhaltensmodifikation.* München: Urban & Schwarzenberg.

Merkle, R.(1989). *So gewinnen Sie mehr Selbstvertrauen.* Mannheim: PAL .

Morris, C. (1956). *Varieties of Human Values.* Chicago: University of Chicago Press.

Plattner, I. (1992). *Zeitberatung. Die Alternative zu Zeitplantechniken.* München; Landsberg am Lech: mvg-Verlag

Preiser, S. (1989). *Zielorientiertes Handeln. Ein Trainingsprogramm zur Selbstkontrolle.* Heidelberg: Roland Asanger Verlag.

Roeck, B.-P. de (1984). *Jeder ist seines Unglückes Schmied.* Offenbach: Burckhardthaus-Verlag.

Schaefer, K. (1985). *So schaffen sie den Schulalltag.* Münster: Aschendorffsche Verlagsbuchhandlung.

Schottky, A. u. Schoenaker, Th (1995). *Was bestimmt mein Leben?* München: Goldmann.
Schraeder-Naef, R.(1984). *Keine Zeit.* Weinheim: Beltz.
Seligman, M.P. (1979). *Erlernte Hilflosigkeit.* München: Urban & Schwarzenberg.
Sieland, B. (1992). Emotion. In J. Blattner, B. Gareis & A. Plewa (Hrsg.), *Handbuch der Psychologie für die Seelsorge* (S. 110-138). Düsseldorf: Patmos.
Sieland, B. (1993). Der Umgang mit sich selbst als Basis und Ziel von Seelsorge. In J. Blattner, B. Gareis & A. Plewa (Hrsg.), *Handbuch der Psychologie für die Seelsorge.* (S.512 -535). Düsseldorf: Patmos.
Sieland, B. (1993[2]). Psychohygiene für Pädagogen: Selbsthilfe für Helfer. In B. Fittkau (Hrsg.). *Pädagogisch-psychologische Hilfen für Erziehung, Unterricht und Beratung.* Band 2 (S. 532-563). Aachen-Hahn: Hahner Verlagsgesellschaft.
Spranger, E. (1962). *Gedanken zur Daseinsgestaltung.* München: Piper
Tönnies, S. (1982). *Inventar zur Selbstkommunikation für Erwachsene.* Weinheim: Beltz
Varga, G. von (1979). *Ratschläge sind auch Schläge.* Frankfurt: Werner Flach.
Ziesing, F., Pfingsten, U. (1997[2]). *Selbstveränderung. Verhaltenstherapie selbst erfahren.* Tübingen: DGVT-Verlag

Schriftenreihe

KLEINE SCHRIFTEN ZUR ERLEBNISPÄDAGOGIK

Herausgeber:

Prof. Dr. Jörg W. Ziegenspeck
(Universität Lüneburg)

Band 1: Jörg W. Ziegenspeck:
ERLEBNISPÄDAGOGIK.
Rückblick - Bestandsaufnahme - Ausblick.
Bericht über den gegenwärtigen Entwicklungsstand der Erlebnispädagogik unter besonderer Berücksichtigung der Lüneburger Anstöße und Projekte. Dokumentation der geleisteten praktischen und theoretischen Arbeit (1980 - 1992).
Lüneburg 1992, 4. Aufl., 200 S., EUR 12,50 (ISBN 3-929058-39-1)

[Frühere Auflagen erschienen unter folgenden Titeln:

Arbeitsgemeinschaft "Segeln mit Kindern, Jugendlichen und jungen Erwachsenen" an der Hochschule Lüneburg / Verein "Jugendschoner 'Hermine' e.V." (Hrsg.):
BERICHT ÜBER DAS SOZIALPÄDAGOGISCHE SEGELN.
- Eine Zwischenbilanz -
Lüneburg 1986, 1. Aufl., 30 S. (ISBN 3-88456-029-8)

Arbeitsgemeinschaft "Segeln mit Kindern, Jugendlichen und jungen Erwachsenen" an der Hochschule Lüneburg / Verein "Jugendschoner 'Hermine' e.V." (Hrsg.):
SEGELN UND SOZIALPÄDAGOGIK.
Bericht über die Lüneburger Projekte - Eine Zwischenbilanz.
Lüneburg 1987, 2. erweiterte, ergänzte und völlig neu überarbeitete Auflage, 33 S. (ISBN 3-88456-044-1)

Jörg W. Ziegenspeck (Hrsg.):
ERLEBNISPÄDAGOGIK.
Rückblick - Bestandsaufnahme - Ausblick.
Bericht über die Lüneburger Projekte und Dokumentation.
Lüneburg 1990, 3. erweiterte, ergänzte und völlig neu bearbeitete Aufl., 62 S. (ISBN 3-88456-065-4)]

Band 2: Jörg W. Ziegenspeck (Bearbeiter):
OUTWARD BOUND.
Gutachterliche Äußerungen für einen Löschungsantrag beim Deutschen Patentamt.
Lüneburg 1987, 62 S., EUR 3,-- (ISBN 3-929058-40-5)

Heft 3: Detlef Soitzek / Peter Weinberg / Jörg W. Ziegenspeck:
SEGELSCHIFF 'THOR HEYERDAHL'.
Eine schwimmende Jugendbildungsstätte.
Lüneburg, 1. Aufl. 1988; 2. Aufl. 1991, 80 S., 3. unveränderte Aufl., EUR 4,25 (ISBN 3-929058-41-3)

[Die erste Auflage erschien 1988 unter gleich lautendem Titel im Verlag Klaus Neubauer, Lüneburg. – ISBN 3-88456-047-6]

Heft 4: Dorothee Loos:
SEGELN UNTER PÄDAGOGISCHEM ASPEKT.
Ein Literaturbericht.
Lüneburg 1989, 96 S., EUR 3,75 (ISBN 3-929058-42-1)

Heft 5: Reiner Hildebrandt (Hrsg.):
ERLEBNISORIENTIERTER SCHULSPORT.
Sechs Beiträge zur erlebnispädagogischen Praxis.
Lüneburg 1990, 72 S., EUR 4,-- (ISBN 3-929058-43-X)

Heft 6: Dietrich Kowalsky (Hrsg.):
DER MARTINS-PASS.
Internationales Freundschafts-Friedens-Freizeit-Tagebuch aus Nürnberg
Lüneburg 1990, 72 S., EUR 3,75 (ISBN 3-929058-44-8)

Heft 7: Margrit Küntzel-Hansen:
MUSIKALISCHE FRÜHERZIEHUNG ALS ERLEBNISPÄDAGOGIK.
Lüneburg 1990, 28 S., EUR 3,-- (ISBN 3-929058-45-6)

Heft 8: Juliane Schmieglitz-Otten:
DAS BOMANN-MUSEUM CELLE.
Ein erlebnispädagogischer Lernort.
Lüneburg 1997, 40 S., EUR 4,25 (ISBN 3-89569-030-9)

[Die erste Auflage erschien 1991 unter folgendem Titel im Verlag Klaus Neubauer, Lüneburg:
Juliane Schmieglitz-Otten:
DAS MUSEUM ALS ERLEBNISPÄDAGOGISCHER LERNORT.
Lüneburg 1991, 36 S., DM 6,-- (ISBN 3-929058-46-4)]

Heft 9: Klaus Miedzinski:
ERLEBNISPÄDAGOGIK IN SÜDAMERIKA.
Bericht über den Bau eines Spielplatzes im Slum.
Lüneburg 1991, 2. erw. Aufl. 1995, 72 S., EUR 5,-- (ISBN 3-89569-011-2)

Heft 10: Martin Firker (Bearbeiter):
"FLY JUIST".
(Motor-)Segelfliegen in der Erlebnispädagogik.
Lüneburg 1991, 72 S., EUR 3,75 (ISBN 3-929058-48-0)

Heft 11: Torsten Fischer:
DIE UNITED-WORLD-COLLEGES.
Modelle internationaler Internatserziehung auf reformpädagogischer Grundlage.
Lüneburg 1991, 28 S., EUR 3,-- (ISBN 3-929058-49-9)

Heft 12: Christian Salzmann:
REGIONALES LERNEN UND UMWELTERZIEHUNG.
Beispielhafte erlebnispädagogische Reflexionen.
Lüneburg 1991, 20 S., EUR 3,-- (ISBN 3-929058-50-2)

Band 13: Ulla Mehls (Hrsg.):
ERLEBNISPÄDAGOGIK ZU PFERD.
Beiträge zur Reittherapie und Heilpädagogik.
Lüneburg 1992, 148 S., EUR 11,25 (ISBN 3-929058-79-0)

Heft 14: Eckart Balz:
ERLEBNISPÄDAGOGIK IN DER SCHULE.
Schulleben - Schulsport - Schullandheim.
Lüneburg 1993, 2. unveränderte Aufl. 1996, 32 S., EUR 3,75 (ISBN 3-929058-81-2)

Heft 15: Helmut Schmerbitz / Wolfgang Seidensticker:
ERFAHRUNGSLERNEN IM SPORTUNTERRICHT DER LABORSCHULE.
Theorie und Praxis einer pädagogischen Konzeption.
Lüneburg 1993, 29 S., EUR 3,-- (ISBN 3-929058-82-0)

Heft 16: Angela Hünke von Podewils:
ERLEBEN UND VERKÖRPERN.
Theaterspielen in der Erlebnispädagogik.
Lüneburg 1993, 58 S., EUR 6,25 (ISBN 3-929058-91-X)

Heft 17: Helmut Brückner (Hrsg.):
ERLEBNISPÄDAGOGISCHE PRAXISBEREICHE AN DEN LANDERZIEHUNGSHEIMEN.
Berichte und Beispiele.
Lüneburg 1993, 86 S., EUR 9,25 (ISBN 3-929058-92-8)

Heft 18: Ulf Händel:
AUFBRUCH INS OFFENE
OUTWARD BOUND ALS EREIGNIS
Texte zur Erlebnispädagogik
Lüneburg 1995, 32 S., EUR 5,-- (ISBN 3-89569-007-4)